Kathrin Larsen
Ich schenk dir mein Gebet

www.fontis-verlag.com

KATHRIN LARSEN

ICH SCHENK DIR MEIN GEBET

DIE PSALMEN BETEN FÜR UNSERE KINDER

Bibliografische Information der Deutschen Nationalbibliothek
Die Deutsche Nationalbibliothek verzeichnet diese Publikation in der Deutschen Nationalbibliografie; detaillierte bibliografische Daten sind im Internet über www.dnb.de abrufbar.

Der Fontis-Verlag wird von 2021 bis 2024 vom Schweizer Bundesamt für Kultur unterstützt.

2. Auflage 2024

Die Bibelstellen wurden folgender Übersetzung entnommen:

Hoffnung für alle®, Copyright © 1983, 1996, 2002, 2015 by Biblica, Inc.®.
Herausgeber: Fontis-Verlag Basel.

Umschlag und Satz: Carolin Horbank, Leipzig
Illustrationen: rawpixel.com by freepik.com
Foto der Autorin auf S. 328: © by Kathrin Larsen. Fotografin: claudialarsen.com
Druck: Finidr
Gedruckt in der Tschechischen Republik

ISBN 978-3-03848-255-0

INHALT

VORWORT

VON FERN NICHOLS

Man muss dieses Buch lieben. – Warum? Weil Gott der Autor ist und Kathrin die Schreiberin.

Kathrin berichtete mir begeistert davon, was in ihrem Herzen geschah, als sie täglich für ihre Enkelin anhand der Psalmen betete. Sie sagte: »Mein Herz füllt sich mit einer tiefen Freude. Mein Gebetsleben hat sich erweitert!« Ja, und das konnte sie nicht einfach für sich behalten. Das Ergebnis ist dieses kostbare Gebetsbuch. Seite für Seite betet sie nach dem Herzen Gottes für ein Kind, wobei sie das Format der vier Gebetsschritte verwendet.

Wenn Du dieses Gebetsbuch durchbetest, wird Kathrin Dir zeigen, wie Du das Wort Gottes anwendbar machen kannst, indem Du den Namen (D)eines Kindes in die Psalmen-Gebete einsetzt. Das Beten mit der Heiligen Schrift ist eine mächtige Waffe (Hebräer 4,12). Wenn Du Gott seine eigenen Worte »zurückbetest«, besiegst Du das Böse. Es stärkt Deinen Glauben und Dein Vertrauen, weil Du das Wort und den Willen Gottes betest. Jesaja 55,11 verkündet diese Wahrheit: »Genauso ist mein Wort: Es bleibt nicht ohne Wirkung, sondern erreicht, was ich will, und führt das aus, was ich ihm aufgetragen habe.« Jesus verspricht, dass wir alles, was wir in seinem Namen erbitten, erhalten werden und dass unsere Freude vollkommen sein wird (Johannes 16,24).

Wenn Du diese Gebete sprichst, wirst Du eine engere, intimere und liebevollere Beziehung zu Deinem himmlischen Vater aufbauen. Und wie?

Jede Gebetseinheit in diesem Buch beginnt mit **Anbetung**, dem ersten Schritt des Gebets. Du wirst Dich immer wieder in Deinen Herrn verlieben und einen tieferen Glauben erleben, indem Du Seine Eigenschaften preist und aussprichst, wer Er ist. Es wird die Frucht des Vertrauens auf den Gott, den Du kennst, hervorbringen, egal, wie die Umstände sind. Der Teufel will, dass wir daran zweifeln, wer Gott ist. Zweifel machen uns ängstlich und ungläubig. Deshalb zerstören wir die Macht des Bösen, wenn wir durch Lobpreis die Wahrheit darüber sagen, wer Gott ist. Wir werden dem Herrn, den wir kennen, vertrauen!

Der zweite Schritt ist die **Buße**: Kathrin gibt Dir Raum für einen Herzens-Check, für eine Herzensprüfung, um Dir zu ermöglichen, alle Sünden vor Gott zu bekennen. In Psalm 66,18 fordert die Bibel uns dazu auf, zu bedenken: »Hätte ich Böses im Sinn gehabt, dann hätte der Herr mich nicht erhört.« Um die Gewissheit zu haben, dass Gott unsere Gebete hört und erhört, müssen wir sicherstellen, dass unser Herz rein ist. In Jakobus 5,16 gibt es eine herrliche Verheißung: »Denn das Gebet eines Menschen, der nach Gottes Willen lebt, hat große Kraft.« Es ist das reine Herz, das hinter den wirksamen Gebeten steht, die zu Veränderungen führen.

Der dritte Schritt, das **Danken**, ist eine wunderbare Möglichkeit, um unsere Freude und Dankbarkeit für Gottes Güte auszudrücken, für das, was Er für uns getan hat. Es ist eine kostbare Chance, in der wir Gott Ehre und Ruhm geben dürfen. Mögen wir Gottes gnädige Antwort auf unsere Gebete, ob groß oder klein, nie als selbstverständlich ansehen! Der Apostel Paulus sagt uns in 1. Thessalonicher 5,18, dass es Gottes Wille ist, Dank zu sagen: »Dankt Gott, ganz gleich wie eure Lebensumstände auch sein mögen. All das erwartet Gott von euch, und weil ihr mit Jesus Christus verbunden seid, wird es euch auch möglich sein.«

Wenn wir uns entscheiden, diesem Gebot zu gehorchen, werden wir eine lebenslange Haltung der Dankbarkeit entwickeln, die aus unserem Herzen strömt. Auch wenn die Antwort noch nicht gekommen ist oder wenn Gott auf eine Weise geantwortet hat, die wir nicht erwartet haben, werden wir uns dennoch entscheiden, zu danken. – Warum? Weil es ein Ausdruck des Vertrauens in Gottes Plan ist. Wir können Seinem Herzen vertrauen, was Frieden, Zufriedenheit und Ruhe für unsere Seelen schafft.

Der vierte Schritt, die **Fürbitte**, besteht darin, im Gebet für andere vor Gott zu kommen. Wir folgen dem Vorbild Jesu, der in Johannes 17 und im Vaterunser für die Jünger und für uns betete. Ich habe gehört, dass Fürbitte Liebe in Aktion ist. Einer der größten Liebesdienste, die Du Deinen Kindern erweisen kannst, ist, sie mit Gebet zu umgeben.

Es ist eine wertvolle Investition Deiner Zeit, und sie bringt ewige Früchte hervor. In Klagelieder 2,19 wird die Dringlichkeit, für Kinder zu beten, zum Ausdruck gebracht: »Steh mitten in der Nacht auf, wenn alles außer dem Wächter noch schläft, und flehe unermüdlich zu Gott um Hilfe. Heb deine Hände zu ihm empor und schütte dein Herz bei ihm aus! Bestürme ihn mit deinen Bitten, damit er das Leben deiner Kinder verschont, die an allen Straßenecken verhungern.«

Ich liebe es, wie Gott uns in Jesaja 30 diese Zusicherung gibt: »Der Herr wird euch wieder in Liebe annehmen, darauf könnt ihr euch verlassen. Sobald er euer Schreien hört, kommt er euch zu Hilfe« (Vers 19b).

Deshalb können wir mit Zuversicht vor den Thron der Gnade treten, denn Gott sehnt sich danach, unsere Gebete zu hören und zu erhören. Wenn wir bitten, wird das Unmögliche möglich, und es geschehen Wunder. Denke daran, dass Du nie um zu viel bitten kannst. Jesus sagte: »Worum ihr dann in meinem Namen bitten werdet, das werde ich tun, damit durch den Sohn die Herrlichkeit des Vaters sichtbar wird« (Jesaja 30,19). Was für ein erstaunlicher Gedanke, dass durch unsere Bitten Gottes Herrlichkeit sichtbar werden soll.

Ich empfehle Kathrins Gebetsbuch sehr. Es ist ein lebensveränderndes Hilfsmittel, das Dein Gebetsleben ebenso erweitern wird, wie Kathrin es erlebt hat. Unterschätze niemals die Macht und die Wirkung Deiner Gebete!

Fern Nichols *— Gründerin von »Moms in Prayer International«*

GEBETE VERSCHENKEN AN
DIE NÄCHSTE GENERATION,

PSALMEN BETEN UND
VERHEISSUNGEN AUFSCHREIBEN:

DIESES BUCH IST FÜR (GEISTLICHE) ELTERN,
GROSSELTERN, MÜTTER UND VÄTER!

EINFÜHRUNG

WIE ES ZU DIESEM BUCH KAM

»Was muss ich tun, um die beste Großmami für meine Enkelin zu sein?« Dies war mein Herzensgebet an Gott, als ich erfuhr, dass ich Großmutter werden würde.

Einen Tag nach der Geburt kam die Antwort:

»BETE FÜR SIE,
DAS IST ETWAS VOM WERTVOLLSTEN,
WAS DU TUN KANNST!«

In diesem Moment entschied ich mich, ein Gebetsbüchlein für meine Enkelin zu schreiben, in dem ich Worte der Bibel in Gebetsform für sie aufschreiben wollte. Wenn sie dann erwachsen ist, werde ich es ihr schenken, überlegte ich. Was für ein kostbares Geschenk – ein Vermächtnis des Gebets!

Inspiriert durch die Psalmen als Basis startete ich mit dem Projekt. Es war ein Abenteuer: Nicht nur mein Herz wurde verändert. Ich erlebte, wie diese jahrtausendealten Gebete der Bibel Glauben und das tiefe Gottvertrauen in mir weckten, dass diese Gebete sogar über mein Denken und Verstehen hinaus in die Zukunft meiner Enkelin hineinwirken würden – selbst dann, wenn ich nicht mehr da sein würde!

Meine Gebete habe ich je Psalm in vier Schritte aufgeteilt: Nach einer Zeit der Anbetung folgten Buße-, Dank- und Fürbittegebet. Für jeden Psalm schrieb ich zudem eine Eigenschaft, einen Charakter oder einen Namen Gottes auf, der mir im betreffenden Psalm auffiel. Diese Art zu beten habe ich bei einer Gebetsgemeinschaft von »Moms in Prayer« gelernt. (Dazu später mehr!)

Beim Schreiben wuchs in mir die Sehnsucht, meine Idee eines Psalmen-Gebetstagebuchs auch anderen Menschen zugänglich zu machen. Wenn wir für unsere Kinder beten, ist dies etwas vom Wertvollsten, was wir ihnen schenken können. Es ist wie eine Melodie, die sie umgibt und Dinge ermöglicht, die nur Gott bewirken kann.

»Mein Herz ist von Freude erfüllt, ein schönes Lied will ich für den König singen. Wie ein Dichter seine Feder, so gebrauche ich meine Zunge für ein kunstvolles Lied« (Psalm 45,2). – Genau so empfand ich!

Und so entstand dieses Gebetsbuch. Ich möchte Dich ermutigen, diese Gebete für das Kind zu beten, dass Dir besonders am Herzen liegt. Bestimmt begegnen Dir auch noch andere Gedanken und Verheißungen, die Du beten möchtest. Dies kannst Du alles auf die Notiz-Seiten in diesem Buch schreiben. So wird dieses Gebetsbuch zu Deinem persönlichen Vermächtnis. Was für ein kostbarer Augenblick, wenn Du das Buch dann irgendwann Deinem Kind überreichst.

Meine Großmutter hat viel für mich gebetet. Sie ist schon lange gestorben, aber noch heute erlebe ich die Kraft ihrer Gebete und wie sie vor meinen Augen in Erfüllung gehen. So vieles können wir für unsere Kinder tun, aber wenn wir für sie beten, beschenken wir sie für die Ewigkeit!

MOMS IN PRAYER

Neben dem ganz persönlichen Gebet gibt es auch die Möglichkeit, mit anderen Menschen gemeinsam zu beten. Das ist ein großer Segen. Jesus sagt, wenn zwei oder drei in seinem Namen zusammenkommen, ist er mitten unter ihnen (Matthäus 18,20).

Als unsere älteste Tochter in den Kindergarten kam, empfand ich den großen Wunsch, für sie zu beten und suchte Gleichgesinnte. Einige Zeit später lernte ich »Moms in Prayer« (MIP) kennen. Seither bete ich begeistert in einer MIP-Gruppe.

Moms in Prayer ist eine globale Gebetsbewegung von (geistlichen) Müttern und Großmüttern, die sich wöchentlich zu einer Stunde Gebet für Kinder, Lehrpersonen und Schulen treffen. Als Direktorin von »MIP Europa & Israel« darf ich heute mithelfen, diese große Vision – Gebet für jedes Kind, für Lehrpersonen und Schulen – voranzubringen.

Liegt Dir das Thema Gebet am Herzen? Falls Du mehr über MIP wissen willst, melde Dich bei uns, wir helfen Dir gerne, eine Gruppe zu finden oder vielleicht sogar zu starten.

Kontaktmöglichkeiten

- Europa und Israel: www.momsinprayer.eu
- Österreich: austria.momsinprayer.eu
- Schweiz: www.momsinprayer.ch
- Deutschland: www.momsinprayer.de
- Weltweit: www.momsinprayer.org

TIPPS ZUM BETEN

Ich bin seit vielen Jahren begeistert als Beterin unterwegs. Folgende Tipps möchte ich Dir zur Benutzung Deines Gebetstagebuchs mitgeben:

Unser Herz ist zentral beim Beten für andere. Bevor Du betest, lies zuerst den jeweiligen Psalm (oder auch nur die jeweiligen Verse aus dem Psalm, die in diesem Buch abgedruckt sind), und lass sie eine Weile auf Dein Herz wirken.

Anbetung:
Bei der Anbetung konzentrierst Du Dich ganz auf Gott, seinen Charakter, seinen Namen oder seine Eigenschaften. In dieser anbetenden Haltung lernst Du Gottes Wesen besser kennen und ihn tiefer zu lieben (Psalm 63,4-5). Dadurch wächst Dein Vertrauen zu ihm, und Du traust ihm Großes zu, auch im Leben deiner Kinder.

Buße:
Während der Buße geben wir dem Heiligen Geist Raum, durch Gottes Wort unser Herz zu berühren und es zur Buße zu leiten (1. Johannes 1,9). Buße bedeutet, umzukehren zu Gott und ihm unsere Schuld und Verfehlungen zu bekennen und seine Vergebung zu empfangen. Es gibt nichts Befreienderes als das regelmäßige Bußgebet.

Dank:
Beim Danken konzentrieren wir uns auf das, was Gott tut. Ein dankbares Herz ist ein großer Schatz auch inmitten von Schwierigkeiten. Gottes Wort enthält viele Verheißungen, für die wir danken können, auch wenn wir sie noch nicht sehen. Wie wertvoll ist es, wenn wir Gottes Antworten auf unsere Gebete mit einem freudigen und dankbaren Herzen erwarten (1. Thessalonicher 5,16-18)!

Fürbitte:
Hier beten wir Gottes Wort und seine Verheißungen für unser Leben und für das unserer Kinder. Dies ist etwas vom Kraftvollsten, was wir tun können. Wir bringen sein Wort, seine Versprechen und seine Wahrheit direkt in unser Leben (Hebräer 4,12). Im Glauben erwarten und vertrauen wir auf sein Wirken.

GOTT ABER KANN VIEL MEHR TUN,
ALS WIR JEMALS VON IHM ERBITTEN ODER
UNS AUCH NUR VORSTELLEN KÖNNEN.
SO GROSS IST SEINE KRAFT, DIE IN UNS WIRKT.

Epheser 3,20

Ich möchte Dich ermutigen, heute zu beginnen: Beschenke ein Kind und auch Dich selbst mit Gebet. Du wirst staunen, was alles passiert.

Du wirst ein großer Segen sein.

Ich bete dafür!

Kathrin Larsen

DANK

Ich schrieb dieses Gebetsbuch aus Liebe und Dankbarkeit für meinen Herrn und Erlöser Jesus Christus und für meine kostbare Enkeltochter. Mögen diese Gebete erhört werden und viele Kinder das größte Erbe aller Zeiten kennen und lieben lernen: Jesus Christus.

Mögen viele Menschen unermüdlich Gottes Wort und seine Verheißungen über den kommenden Generationen aussprechen und ihnen so ein ewiges Erbe hinterlassen.

Danke an meine Familie, die mich immer unterstützt und inspiriert hat in meiner Berufung zum Beten, und an meine Mutter und Großmutter, die mir ein großes Vorbild sind und waren im Gebet für die Generationen.

Danke auch meinem wunderbaren Team von Moms in Prayer Europe & Israel, das mich immer ermutigt hat, meinen Traum zu leben.

DIE PSALMEN BETEN FÜR UNSERE KINDER

PSALM 1

GOTT IST WACH

Anbetung 6 Der HERR wacht über den Weg aller Menschen, die nach seinem Wort leben. Doch wer sich ihm trotzig verschließt, der läuft in sein Verderben.

Herr, ich preise dich, du schläfst niemals und wachst immer über . . . . !

Buße 2 [Glücklich ist], wer Freude hat am Gesetz des HERRN und darüber nachdenkt – Tag und Nacht.

Herr, hilf . . . . , Tag und Nacht über dich und dein Wort nachzudenken und dir mit Freuden zu dienen.

Dank 3 Er ist wie ein Baum, der nah am Wasser gepflanzt ist, der Frucht trägt Jahr für Jahr und dessen Blätter nie verwelken. Was er sich vornimmt, das gelingt.

Du schenkst . . . . Gelingen und reiche Lebensfrucht, danke! Durch Christus sind . . . . Wurzeln tief verankert.

Fürbitte 1 Glücklich ist, wer nicht dem Rat gottloser Menschen folgt, wer nicht mit Sündern auf einer Seite steht, wer nicht mit solchen Leuten zusammensitzt, die über alles Heilige herziehen.

Herr, ... soll verstehen, was wahres Glück ist. Verschließe . . . . Ohren vor gottlosem Rat! Stärke . . . . Herz, dass . . . . sich nicht an Sündern orientiert und sich nicht mit Spöttern abgibt!

PSALM 2

JESUS, DER HÖCHSTE KÖNIG

Anbetung

11 Dient dem HERRN voller Ehrfurcht! Jubelt ihm zu, auch
wenn ihr zittert! 12 Erweist seinem Sohn die Ehre, die
ihm zusteht! Sonst trifft euch sein Zorn, und ihr seid
verloren; denn sein Zorn ist schnell entflammt. Aber
glücklich sind alle, die bei ihm Zuflucht suchen.

Du bist .... Schutz. Ich preise dich, Jesus, du höchster König. Bei dir kann .... glücklich und geborgen sein.

Buße

2 Die Mächtigen dieser Welt rebellieren: Sie verschwören
sich gegen Gott und den König, den er auserwählt und
eingesetzt hat. 3 »Kommt, wir wollen uns befreien«,
sagen sie, »wir schütteln ihre Herrschaft ab!«

Bewahre .... davor, sich jemals gegen dich aufzulehnen!

Dank

6 Er spricht: »Ich selbst habe meinem König die Herrschaft übertragen! Er regiert auf dem Zion, meinem heiligen Berg.«

10 Darum, ihr Herrscher, nehmt Vernunft an, lasst euch warnen, ihr Mächtigen der Welt!

Jesus Christus, du bist der wahre König, und .... hat durch dich immer Zugang zum Vater.

Fürbitte

11 Dient dem HERRN voller Ehrfurcht! Jubelt ihm zu, auch wenn ihr zittert!

Herr, ich bete, dass .... frei ist, dir mit Freude und Ehrfurcht zu dienen und dich zu loben!

PSALM 3

GOTT IST SCHUTZ

Anbetung

4 Aber du, HERR, nimmst mich in Schutz. Du stellst
meine Ehre wieder her und richtest mich auf.

6 So kann ich beruhigt einschlafen und am Morgen in
Sicherheit erwachen, denn der HERR beschützt mich.

Schützender Gott, ich bete dich an, du bist Sicherheit, Ehre und Wiederherstellung für . . . . Bei dir ist . . . . immer geborgen.

Buße

2 O HERR, ich werde von vielen Feinden bedrängt!

Herr, wenn . . . . unter Druck steht, lass . . . . bei dir allein Hilfe suchen.

Dank

9 Ja, HERR, von dir kommt Rettung und Hilfe.
Lass dein Volk deinen Segen erfahren!

Danke, dass du . . . . hilfst und . . . . deinen Segen schenkst.

Fürbitte

8 Greif ein, HERR, und rette mich! Du bist doch mein Gott!
Du wirst meinen Feinden ins Gesicht schlagen und
diesen Gottlosen die Zähne ausbrechen.

Herr, hilf . . . . , dir völlig zu vertrauen und dich immer um Hilfe zu bitten, wenn . . . . bedrängt wird.

PSALM 4

GOTT BEFREIT

Anbetung

2 Antworte mir, mein Gott, wenn ich zu dir rufe! Du bist
es doch, der mich verteidigt und für Gerechtigkeit sorgt!
Als ich in meiner Not nicht mehr weiterwusste, hast du
mir den rettenden Ausweg gezeigt. Erweise mir auch
jetzt deine Gnade und höre mein Gebet!

Du sprichst .... frei und rettest ....
aus Bedrängnis. Du bist der befreiende Gott, ich lobe
dich dafür!

Buße

7 Viele jammern: »Wann wird es uns endlich besser
gehen? HERR, blicke uns freundlich an, damit wir
wieder aufatmen können!«

Lass .... deine Nähe suchen auch in schlechten Zeiten.

Dank

8 Und wirklich: Du hast mich wieder froh gemacht.
Während sich andere über eine reiche Ernte freuen,
ist meine Freude sogar noch viel größer.

Danke, dass du .... mit Freude vom Himmel beschenkst.

Fürbitte

9 Ich kann ruhig schlafen, auch wenn kein Mensch
zu mir hält, denn du, HERR, beschützt mich.

Herr, ich bete, dass .... jede Nacht ruhig schlafen kann, weil du .... beschützt.

PSALM 5

GOTT IST SCHÜTZENDE LIEBE

Anbetung 12a Doch alle, die bei dir Zuflucht suchen, werden sich
freuen. Ihr Jubel kennt keine Grenzen, denn bei dir
sind sie geborgen. 13 Wer nach deinem Willen lebt,
den beschenkst du mit deinem Segen, deine Liebe
umgibt ihn wie ein schützender Schild.

Ich preise dich, Gott, deine schützende Liebe und Güte umgeben .... in Ewigkeit!

Buße 9 Zeige denen, die mich verleumden, dass du zu mir stehst! Ebne mir den Weg, den ich gehen soll!

Herr, schenke .... ein sanftes Herz, das sich von dir führen und beschützen lässt!

Dank 8 Ich aber darf zu dir kommen, denn in deiner großen Gnade hast du mich angenommen. Voller Ehrfurcht bete ich dich in deinem Heiligtum an.

Danke, dass .... immer in deine Gegenwart kommen kann. Du liebst .... und erwartest ....

Fürbitte 12 Doch alle, die bei dir Zuflucht suchen, werden sich
freuen. Ihr Jubel kennt keine Grenzen, denn bei dir sind
sie geborgen. Ja, wer dich liebt, darf vor Freude jubeln!
13 Wer nach deinem Willen lebt, den beschenkst du mit
deinem Segen, deine Liebe umgibt ihn wie ein schützender Schild.

Herr, ziehe .... immer wieder in deine Gegenwart. Erfülle .... Herz mit Anbetung und Vertrauen in deine schützende Liebe.

PSALM 6

GOTT IST BARMHERZIG

Anbetung

5 Wende dich mir wieder zu, HERR, und rette mich!
Hilf mir, du bist doch ein barmherziger Gott!

10 Ja, der HERR hat mein Schreien gehört,
er nimmt mein Gebet an.

Ich preise deine Gnade und Barmherzigkeit
über . . . . Leben.

Buße

2 HERR, du lässt mich deinen Zorn spüren.
Ich flehe dich an: Strafe mich nicht länger!

Herr, schenke . . . . ein Herz,
das immer wieder nach deiner Gnade fragt.

Dank

9 Ihr Verbrecher, verschwindet, denn der HERR hat
meine Tränen gesehen! 10 Ja, der HERR hat mein
Schreien gehört, er nimmt mein Gebet an.

Danke, dass du immer hörst, wenn . . . .
zu dir ruft!

Fürbitte

2 HERR, du lässt mich deinen Zorn spüren.
Ich flehe dich an: Strafe mich nicht länger!

5 Wende dich mir wieder zu, HERR, und rette mich!
Hilf mir, du bist doch ein barmherziger Gott!

Herr, wenn . . . . in Not ist, lass . . . .
weiter zu dir beten und sich an deine Barmherzigkeit
erinnern!

PSALM 7

GOTT IST EIN GERECHTER RICHTER

Anbetung

12 Gott ist ein gerechter Richter, jeden Tag gilt den Bösen sein Zorn.

18 Den HERRN will ich loben, denn er ist gerecht.
Den Namen des höchsten Gottes will ich preisen
mit meinem Lied!

Ich preise dich, du gerechter Richter, du siehst alles, was um und mit . . . . geschieht.

Buße

9 HERR, du bist Richter über die Völker. Vor aller Öffentlichkeit verschaffe mir Recht, denn du weißt, dass ich unschuldig bin.

Herr, schenke . . . . Gnade und gib . . . . ein reines Herz.

Dank

18 Den HERRN will ich loben, denn er ist gerecht. Den Namen des höchsten Gottes will ich preisen mit meinem Lied!

Danke, dass deine Gerechtigkeit . . . . beschützt!

Fürbitte

2 HERR, mein Gott, bei dir suche ich Schutz. Bring mich
in Sicherheit vor all meinen Verfolgern! Ich bitte dich:
Rette mich doch, 3 sonst bin ich ihnen hilflos ausgeliefert und sie zerfleischen mich wie ein Löwe
seine Beute.

Herr, du gerechter Richter, rette . . . . und schenke . . . . Zuflucht, wenn . . . . in großer Not ist.

PSALM 8

GOTT IST DER HERRSCHER

Anbetung 2 HERR, unser Herrscher! Die ganze Welt spiegelt deine
Herrlichkeit wider, der Himmel ist Zeichen deiner
Hoheit und Macht. 3 Aus dem Mund der Kinder und
Säuglinge lässt du dein Lob erklingen. Es ist stärker
als das Fluchen deiner Feinde. Erlahmen muss da ihre
Rachsucht, beschämt müssen sie verstummen.

Gott, ich preise deine Herrlichkeit über .... Leben. Deine Herrlichkeit ist in .... Herzen, und du lehrst ...., dich anzubeten.

Buße 5 Was ist da schon der Mensch, dass du an ihn denkst? Wie klein und unbedeutend ist er, und doch kümmerst du dich um ihn.

Herr, lass .... nie vergessen, wie klein und trotzdem einzigartig und geliebt von dir .... ist!

Dank 6 Du hast ihn nur wenig geringer gemacht als die Engel, ja, mit Ruhm und Ehre hast du ihn gekrönt.

Danke, dass du .... mit Ruhm und Ehre gekrönt hast.

Fürbitte 7 Du hast ihm den Auftrag gegeben, über deine Geschöpfe zu herrschen. Alles hast du ihm zu Füßen gelegt.

Herr, hilf .... zu verstehen, dass .... Einfluss und Autorität über deine Schöpfung bekommen hat. Hilf ...., weise damit umzugehen.

PSALM 9

GOTT REGIERT

Anbetung

8 Aber der HERR regiert für immer und ewig, sein Richter-
stuhl steht schon bereit. 9 Über die ganze Welt wird er
ein gerechtes Urteil sprechen und allen Völkern seine
Entscheidung verkünden.

Lob und Preis sei dir! Du regierst und herrschst in Gerechtigkeit über .... Leben.

Buße

14 Hab auch Erbarmen mit mir, HERR! Sieh doch, wie ich leide unter dem Hass meiner Feinde! Ich stehe am Rand des Todes – bring mich in Sicherheit!

Herr, schenke .... ein Herz, das in Not und Todesgewalt dich sucht und dir trotzdem vertraut.

Dank

2 Dir, HERR, will ich von ganzem Herzen danken, von all deinen wunderbaren Taten will ich erzählen.

Danke, dass du .... deine Wunder erfahren lässt und .... fröhlich davon erzählen wird.

Fürbitte

11 HERR, wer dich kennt, der vertraut dir gern. Denn wer sich auf dich verlässt, der ist nie verlassen.

Herr, ich bete, dass .... dich immer besser kennenlernen kann und dir von Herzen vertraut. Verlass .... niemals!

PSALM 10

DER HERR IST KÖNIG

Anbetung 16 Der HERR ist König für immer und ewig! Die gottlosen
Völker müssen aus seinem Land verschwinden. 17
Die Hilflosen bestürmen dich mit ihren Bitten. Du,
HERR, hörst ihr Rufen und schenkst ihnen neuen Mut.

Lob und Preis gehört dir allein, du bist der ewige König. Du hilfst den Hilflosen und kümmerst dich auch um ....

Buße 4 Hochnäsig behaupten sie [gottlose Menschen]:
»Gott kümmert es nicht, was wir tun.«
Ja, sie meinen: »Es gibt überhaupt keinen Gott!«

Herr, schenke .... ein demütiges Herz, damit .... sich deiner Gegenwart immer bewusst ist.

Dank 18 Du sorgst für das Recht der Unterdrückten und Waisen,
jeder Gewaltherrschaft auf Erden machst du ein Ende.

Danke, dass du .... zu .... Recht verhilfst, weil .... dir vertraut.

Fürbitte 16a Der HERR ist König für immer und ewig!

Herr, lass .... niemals vergessen, dass du der einzige und ewige König bist. Lass .... deine Liebe und Gerechtigkeit jeden Tag erfahren!

PSALM 11

GOTT, DER HERZENSPRÜFER

Anbetung

4 Der HERR ist in seinem heiligen Tempel, er thront im Himmel und herrscht über alles. Er durchschaut alle Menschen, nichts entgeht seinem prüfenden Blick.

Ich preise deine Macht und Stärke, du allein kannst .... Herz prüfen und verstehen. Deine Macht ist unbegrenzt.

Buße

5 Er sieht sich jeden ganz genau an, den, der Gott liebt, und den, der ihn verachtet. Der HERR hasst den Gewalttätigen aus tiefster Seele.

Herr, bewahre .... Herz durch deine Gnade. Lass .... niemals Unrecht und Gewalt lieben.

Dank

7 Der HERR ist zuverlässig und gerecht, deshalb liebt er alle, die sich an das Recht halten und aufrichtig nach seinem Willen leben; sie werden ihn einst schauen.

Danke, dass .... durch den Glauben an Jesus Christus, deinen Sohn, gerecht ist und dich immer sehen kann.

Fürbitte

1b Bei dem HERRN suche ich Schutz. Wie könnt ihr da zu mir sagen: »Du musst ins Gebirge fliehen! Flieg fort wie ein Vogel!«

Herr, hilf ...., immer zu dir zu flüchten und sich von nichts und niemandem davon abhalten zu lassen.

PSALM 12

GOTT HÄLT, WAS ER VERSPRICHT

Anbetung

7 An den Worten des HERRN gibt es nichts zu rütteln. Sie sind eindeutig und klar, wie durch und durch gereinigtes Silber.

Ich preise dich, o Gott. Alle deine Zusagen sind eindeutig und klar wie durch und durch gereinigtes Silber. In Jesus Christus sind sie für .... Ja und Amen.

Buße

2 HERR, komm mir doch zu Hilfe! Ich kenne keinen Menschen, der dir noch die Treue hält. Auf keinen kann man sich mehr verlassen.

Herr, hilf ...., sich treu an dich zu halten.

Dank

8 Du, HERR, gibst uns Sicherheit und wirst uns für immer vor diesen selbstherrlichen Menschen beschützen.

Herr, danke, dass du .... bewahren wirst vor Menschen, die lügen und täuschen wollen.

Fürbitte

5 Sie prahlen: »Wir erreichen alles, denn wir sind ge-
waltige Redner; gegen uns kommt keiner an!« 6 »Doch
– ich!«, spricht der HERR, »jetzt will ich eingreifen, denn
die Schwachen werden misshandelt, und die Armen
seufzen, weil man ihnen hart zusetzt. Ich werde ihnen
die Hilfe schaffen, nach der sie sich sehnen.«

Herr, schenke .... ein Herz, das sich inmitten von Hilflosigkeit, Gewalt und Armut nach dir und deinem Eingreifen sehnt. Rette ...., wenn .... in Not ist!

PSALM 13

DER RETTER JESUS CHRISTUS

Anbetung

6 Ich aber vertraue auf deine Liebe und juble darüber,
dass du mich retten wirst. Mit meinem Lied will ich
dich loben, denn du, HERR, hast mir Gutes getan.

Du bist gnädig und rettest aus großer Not,
ich preise dich über .... Leben.

Buße

4 HERR, mein Gott, wende dich mir zu und antworte mir!
Lass mich wieder froh werden und neuen Mut gewinnen,
sonst bin ich dem Tod geweiht.

Herr, lass .... verstehen, dass du, Jesus
Christus, ... Licht und Ermutiger bist.

Dank

6 Ich aber vertraue auf deine Liebe und juble darüber,
dass du mich retten wirst. Mit meinem Lied will ich
dich loben, denn du, HERR, hast mir Gutes getan.

Danke, dass du .... Loblied bist,
weil du .... Gutes tust.

Fürbitte

4 HERR, mein Gott, wende dich mir zu und antworte mir!
Lass mich wieder froh werden und neuen Mut gewinnen,
sonst bin ich dem Tod geweiht.

Herr, erinnere ...., dich in größter Not
anzurufen und auf Jesus Christus, ...
Retter, zu vertrauen.

PSALM 14

GOTT, DER SCHICKSALSWENDER

Anbetung

7 Ach, käme Gott doch vom Berg Zion, um sein Volk zu
retten! Dann wird wieder Freude in Israel herrschen,
ja, alle Nachkommen von Jakob werden jubeln, wenn
der HERR ihr Schicksal zum Guten wendet.

Du wendest das Schicksal ganzer Völker. Ich preise dich, dass du .... Leben in deinen Händen hältst!

Buße

2 Der HERR schaut vom Himmel auf die Menschen.
Er will sehen, ob es wenigstens einen gibt,
der einsichtig ist und nach ihm fragt.

Herr, schenke .... ein kluges Herz,
sodass .... immer nach dir fragt
und dich niemals vergisst.

Dank

6 Ihr Verbrecher, mit euren heimtückischen Plänen
gegen die Wehrlosen werdet ihr scheitern, denn
der HERR selbst beschützt sie.

Danke, dass heimtückische Pläne gegen .... scheitern werden, weil du selbst, Jesus Christus, ... beschützt.

Fürbitte

7 Ach, käme Gott doch vom Berg Zion, um sein Volk zu
retten! Dann wird wieder Freude in Israel herrschen,
ja, alle Nachkommen von Jakob werden jubeln, wenn
der HERR ihr Schicksal zum Guten wendet.

Herr, wende alle Not in .... Leben, damit .... jubeln und sich in dir freuen kann!

PSALM 15

GOTT IST HEILIG

Anbetung

1b HERR, wer darf in dein Heiligtum kommen? Wer darf auf deinem heiligen Berg zu Hause sein?

Du bist absolut heilig, deine Gegenwart ist das Beste, was es gibt. Ich preise dich, dass du .... Zutritt gewährst durch Jesus Christus!

Buße

2 Jeder, der aufrichtig lebt, der das Rechte tut und durch und durch ehrlich ist.

Herr, bitte hilf ...., ein vorbildliches Leben zu führen und die Wahrheit zu sagen, damit .... in deiner Nähe bleiben kann.

Dank

5 Jeder, der keine Wucherzinsen nimmt, wenn er Geld ausleiht, und der sich nicht bestechen lässt, gegen Unschuldige falsch auszusagen oder sie zu verurteilen. Wer so handelt, der wird niemals zu Fall kommen!

Danke, dass .... durch dich ein Leben in Gerechtigkeit führen kann und so niemals zu Fall kommen wird.

Fürbitte

4 Jeder, der keine Freundschaft pflegt mit denen, die Gott verworfen hat, sondern alle achtet, die dem HERRN mit Ehrfurcht begegnen. Jeder, der hält, was er geschworen hat, auch wenn ihm daraus Nachteile entstehen.

Herr, hilf ...., gottloses Verhalten zu verwerfen, aber Gottesfurcht zu ehren und Versprechen zu halten, auch wenn es unmöglich erscheint.

PSALM 16

GOTT IST PURE FREUDE

Anbetung

11 Du zeigst mir den Weg, der zum Leben führt. Du beschenkst mich mit Freude, denn du bist bei mir; aus deiner Hand empfange ich unendliches Glück.

Deine Gegenwart ist pure Freude, ich lobe dich über .... Leben!

Buße

4 Wer sich aber von dem lebendigen Gott abwendet und anderen Göttern nachläuft, der kommt aus dem Kummer nicht mehr heraus. Diesen Göttern will ich kein Opfer bringen, nicht einmal ihre Namen nehme ich in den Mund.

Herr, bewahre .... Herz, dass .... niemals andere Götter verehrt als dich allein!

Dank

5 Du, HERR, bist alles, was ich habe; du gibst mir, was ich zum Leben brauche. In deiner Hand liegt meine Zukunft.

Jesus Christus, du bist .... ewiges Erbe, du bist alles, was .... braucht, danke!

Fürbitte

11 Du zeigst mir den Weg, der zum Leben führt. Du beschenkst mich mit Freude, denn du bist bei mir; aus deiner Hand empfange ich unendliches Glück.

Herr, zeige .... den Weg zum wahren Leben und schenke .... die Freude deiner Gegenwart und unendliches Glück.

PSALM 17

GOTT, DER DURCHFORSCHER

Anbetung

3 Du durchschaust alles, was in mir vorgeht, du durchforschst mich auch in der Nacht. Du prüfst mich, aber du findest nichts, was du tadeln müsstest. Ich habe mir vorgenommen, mich nicht einmal zu bösen Worten hinreißen zu lassen!

Du durchforschst und prüfst .... Herz. Ich preise dich, dass du .... kennst und alles über .... weißt.

Buße

2 Wenn du dein Urteil fällst, dann sprich mich frei; du siehst doch, dass ich unschuldig bin.

Herr, öffne .... Herzensaugen, dass .... erkennt, dass .... durch den Glauben an Jesus Christus frei ist von jedem Urteil.

Dank

15 Ich aber lebe nach deinem Willen, darum werde ich dich schauen dürfen. Wenn ich erwache, will ich mich satt sehen an dir.

Danke, dass .... in Frieden am Morgen aufwachen und dir den ganzen Tag nahe sein kann!

Fürbitte

4 Dein Wort war mein einziger Maßstab – auch dann, wenn andere nicht danach lebten. Von gewalttätigen Menschen hielt ich mich fern.

Herr, bewahre .... und hilf ...., sich an deine Gebote zu halten, damit .... niemals auf böse Wege gerät.

PSALM 18

GOTT IST LICHT

Anbetung

4 Gepriesen seist du, HERR! Wenn ich zu dir um Hilfe
rufe, dann werde ich vor meinen Feinden gerettet.

29 HERR, du machst die Finsternis um mich hell, du gibst
mir strahlendes Licht. 30 Mit dir kann ich die Feinde
angreifen; mit dir, mein Gott, kann ich über Mauern
springen.

Dein Licht durchdringt alle Finsternis! Ich preise dich, du Gott des Lichts, über .... Leben.

Buße

28 Du hilfst denen, die sich selbst nicht überschätzen.
Die Überheblichen aber stößt du von ihrem Thron.

Herr, beschütze .... Herz vor jeglichem Stolz, bring alles in dein Licht und sei .... gnädig!

Dank

2 Ich liebe dich, HERR! Du bist meine Kraft!

Danke, dass .... Liebe zu dir .... Stärke ist. Du gibst .... Kraft.

Fürbitte

3 Der HERR ist mein Fels, meine Festung und mein Erretter,
mein Gott, meine Zuflucht, mein sicherer Ort. Er ist mein
Schild, mein starker Helfer, meine Burg auf unbezwingbarer Höhe.

Herr, ich bete, dass .... dich jeden Tag erleben und erkennen kann als Fels, Festung, Erretter, Zuflucht, sicheren Ort, Schild, starken Helfer und als .... Burg auf unbezwingbarer Höhe.

PSALM 19

DER HOHE UND ERHABENE GOTT

Anbetung

2 Der Himmel verkündet Gottes Hoheit und Macht, das
Firmament bezeugt seine großen Schöpfungstaten. 3
Ein Tag erzählt dem nächsten davon, und eine Nacht
sagt es der anderen weiter. 4 Dies alles geschieht
ohne Worte, ohne einen vernehmlichen Laut. 5 Doch
auf der ganzen Erde hört man diese Botschaft, sie erreicht noch die fernsten Länder. Der Sonne hat Gott am Himmel ein Zelt aufgeschlagen.

Gott, du bist herrlich, der Himmel verkündet deine Herrlichkeit. .... ist umgeben von deinen wunderbaren Werken und von himmlischem Lob.

Buße

13 Wer aber kann erkennen, ob er nicht doch vom rechten Weg abkommt? Vergib mir die Verfehlungen, die mir selbst nicht bewusst sind!

Herr, schenke .... ein sensibles Herz, das dich immer wieder sucht und um Reinheit bittet.

Dank

12 HERR, ich will dir dienen. Wie gut, dass mich dein Gesetz vor falschen Wegen warnt! Wer sich an deine Gebote hält, wird reich belohnt.

Danke, Jesus, du bist Gottes Wort in Person und die reichste Belohnung in .... Leben.

Fürbitte

15 HERR, lass dir meine Worte und Gedanken gefallen! Du bist mein schützender Fels, mein starker Erlöser!

Herr, wecke in .... den Wunsch, dir in Worten und Gedanken zu gefallen. Schenke .... Glauben an dich, den Fels und Erlöser.

PSALM 20

KRAFTVOLLER GOTT

Anbetung

7 Jetzt weiß ich, dass der HERR seinem König hilft, den er auserwählt und eingesetzt hat. Er antwortet ihm aus seiner himmlischen Wohnung, machtvoll greift er ein und rettet ihn.

8 Manche Völker schwören auf gepanzerte Kriegswagen und auf die Kampfkraft ihrer Reiterheere. Wir aber vertrauen auf die Kraft des HERRN, unseres Gottes.

Ich preise deine kraftvolle, große und rettende Macht, die auch über .... Leben steht.

Buße

4 Er beachte die Gaben, die du ihm bringst,
deine Brandopfer nehme er gnädig an!

Herr, erfülle .... mit großer Freude,
weil du dich für .... geopfert hast.
.... ist für immer dein Kind!

Dank

6 Wenn er dir den Sieg geschenkt hat, werden wir vor Freude jubeln und im Namen unseres Gottes die Fahnen schwingen. Der HERR erfülle alle deine Bitten!

Danke! Du hast alle Kraft, um .... Gebete zu beantworten. Danke für die Freude und den Jubel in .... Leben.

Fürbitte

5 Er gebe dir, was du von Herzen wünschst,
was du dir vorgenommen hast, lasse er gelingen!

Jesus Christus, lege deine Herzenswünsche in .... Herz und lass deine wunderbaren Pläne in .... Leben gelingen.

PSALM 21

GOTT HAT DIE MACHT

Anbetung

2 HERR, der König freut sich über deine Macht, er jubelt laut über den Sieg, den du ihm geschenkt hast.

14 Erhebe dich, HERR, und zeig ihnen deine Macht! Wir wollen deine großen Siege besingen und dich preisen mit unserem Lied.

Herr, ich preise deine Macht über .... Leben! Du bist die Stärke und Kraft in .... Alltag, alle Ehre gehört dir allein.

Buße

8 Denn der König vertraut dem HERRN, und durch die Gnade des höchsten Gottes steht er für alle Zeiten sicher und fest.

Herr, lass .... immer auf deine Gnade und Liebe vertrauen, so steht .... auf sicherem Boden!

Dank

7 Du setzt ihn für immer zum Segen, und deine Nähe erfüllt ihn mit ungetrübter Freude.

Danke, Jesus Christus, dass du .... mit Freude und deiner heiligen Nähe erfüllst. .... ist ein Segen für viele.

Fürbitte

5 Er bat dich um ein langes Leben, und du gewährtest ihm viele reiche Jahre.

Herr, erhöre .... Gebete und schenke .... ewiges Leben!

PSALM 22

GOTT IST GUT

Anbetung

29 Denn der HERR ist König, er herrscht über alle Nationen. 30 Auch die Großen dieser Erde müssen vor ihm
niederfallen, sie, die immer mehr als genug zu essen
hatten. Ja, vor ihm werden einmal alle Menschen
ihre Knie beugen, alle Sterblichen, denen das Leben
zwischen den Fingern zerrinnt. 31 Die kommenden
Generationen werden ihm dienen, eine wird der
nächsten von ihm erzählen.

Du bist König und Gott. Ich preise dich und deine Güte über dem Leben von . . . . !

Buße

20 HERR, wende dich nicht länger von mir ab! Nur du kannst mir neue Kraft geben, komm mir schnell zu Hilfe!

Jesus Christus, wende dich niemals von . . . . ab! Du hast dein Leben für . . . . gegeben, nichts kann . . . . jemals von dir trennen!

Dank

10 Du, HERR, hast mich aus dem Leib meiner Mutter gezogen. Schon an ihrer Brust hast du mich Vertrauen gelehrt.

Danke, dass du . . . . Sicherheit bist und . . . . von klein auf lehrst, dir zu vertrauen.

Fürbitte

6 Zu dir schrien sie und wurden gerettet.
Sie vertrauten dir, und du hast sie nicht enttäuscht.

Herr, erhöre . . . . Hilferufe und rette . . . . ! Hilf . . . . , dir sehr zu vertrauen und niemals enttäuscht zu werden.

PSALM 23

GOTT IST MEIN HIRTE

Anbetung 1b Der HERR ist mein Hirte, nichts wird mir fehlen. 2 Er wei-
det mich auf saftigen Wiesen und führt mich zu frischen
Quellen.

Du bist der gute Hirte in .... Leben, ich preise dich! Deine Vorsorge und deine souveräne Führung sind das Beste für ....

Buße 4 Auch wenn es durch dunkle Täler geht, fürchte ich kein
Unglück, denn du, HERR, bist bei mir. Dein Hirtenstab
gibt mir Schutz und Trost.

Jesus Christus, du selber bist für .... durch das dunkle Tal gegangen. Lass .... nie vergessen, dass du an .... Seite bist. Dein Hirtenstab schütze und tröste ....!

Dank 5 Du lädst mich ein und deckst mir den Tisch vor den
Augen meiner Feinde. Du begrüßt mich wie ein Hausherr
seinen Gast und füllst meinen Becher bis zum Rand.

Du deckst .... einen Tisch und überschüttest .... selbst im Angesicht von Feinden mit Segen. Danke!

Fürbitte 6 Deine Güte und Liebe begleiten mich Tag für Tag;
in deinem Haus darf ich bleiben mein Leben lang.

Herr, deine Güte und Gnade werden ....
jeden Tag des Lebens begleiten und ....
wird immer in deinem Haus wohnen.
Lass .... erfahren, was das heißt!

PSALM 24

DER KÖNIG DER HERRLICHKEIT

Anbetung

7 »Hebt euch aus den Angeln, ihr Tore! Öffnet euch
weit, ihr alten Portale, denn der König will einziehen,
die höchste Majestät!« 8 »Wer ist denn dieser mächtige
König?« »Es ist Gott, der HERR, der Starke, der Held.
Es ist der HERR, der siegreiche König!«

Königlich und herrlich bist du! Allmächtiger Herr, König der Herrlichkeit, du bist in .... Leben und zeigst darin deine Macht und Herrlichkeit.

Buße

3 »Wer darf auf den Berg des HERRN gehen und an diesem
heiligen Ort vor Gott treten?« 4 »Jeder, der kein Unrecht
tut und ein reines Herz hat. Jeder, der keine fremden
Götter anbetet und keinen falschen Eid schwört.«

Herr, ich bitte um reine Hände und ein reines Herz für .... Lass .... dich allein anbeten, weil du .... Heiland bist!

Dank

5 Einen solchen Menschen wird Gott mit seinem Segen
beschenken und ihn für schuldlos erklären; der HERR
ist sein Helfer!

Danke! Durch Vertrauen in dich allein empfängt .... Segen, Gerechtigkeit und Rettung für .... Leben.

Fürbitte

9 »Hebt euch aus den Angeln, ihr Tore! Öffnet euch weit,
ihr alten Portale, denn der König will einziehen, die
höchste Majestät!«

Herr, ... Herz soll sich weit öffnen, damit du, der König, die höchste Majestät, in .... Herz und Leben einziehst. Du sollst immer in .... Herzen wohnen.

PSALM 25

VERGEBENDER GOTT

Anbetung

8 Ja, der HERR ist gut und gerecht. Darum führt er die auf
den richtigen Weg zurück, die ihn verließen. 9 Allen,
die ihre Schuld eingestehen, zeigt er, was richtig ist
und wie sie nach seinem Willen leben sollen.

Ich preise deine Gnade, Vergebung und Treue über .... Leben. Dadurch zeigst du .... den richtigen Weg!

Buße

7 Denk nicht mehr an die Sünden meiner Jugend und
vergiss meine Vergehen von damals! Denk stattdessen
in deiner Gnade an mich – du bist doch voller Güte!

Jesus Christus, wenn .... sündigt, lass .... immer wieder zu dir zurückkommen. Schaue .... mit deinen gnädigen Augen an, denn du bist gütig und vergibst gerne.

Dank

8 Ja, der HERR ist gut und gerecht. Darum führt er die
auf den richtigen Weg zurück, die ihn verließen.

Danke. Deine Gerechtigkeit und Güte sind nahe bei ...., du leitest .... auf dem richtigen Weg.

Fürbitte

4a HERR, zeige mir, welchen Weg ich einschlagen soll.
5 Lehre mich Schritt für Schritt, nach deiner Wahrheit
zu leben. Du bist der Gott, bei dem ich Rettung finde,
zu jeder Zeit setze ich meine Hoffnung auf dich.

Herr, erfülle .... Herz jederzeit mit Hoffnung! Zeige .... den Weg, den .... gehen soll. Unterweise, führe und lehre ...., in Wahrheit zu leben!

PSALM 26

PRÜFENDER GOTT

Anbetung

2 Vor dir, HERR, kann ich nichts verbergen, prüfe meine
geheimsten Gedanken und Gefühle! 3 Deine Liebe
habe ich ständig vor Augen, und deine Treue
bestimmt mein Leben.

Gott, du prüfst und durchschaust .... geheimste Gedanken und Gefühle. Deine Gnade ist groß und umgibt .... jeden Tag: Ich preise dich!

Buße

2 Vor dir, HERR, kann ich nichts verbergen, prüfe meine geheimsten Gedanken und Gefühle!

Heiliger Geist, erfülle .... mit dem tiefen Wunsch, dass .... geheimste Gedanken und Gefühle von dir geprüft werden, damit .... in allem deinen Willen tut.

Dank

3 Deine Liebe habe ich ständig vor Augen, und deine Treue bestimmt mein Leben.

Jesus Christus, danke, dass du die lebendige Gnade und Treue bist in .... Leben. Immer kann .... mit dir rechnen!

Fürbitte

11 Aber ich habe mir nichts zuschulden kommen lassen. Hab Erbarmen mit mir und erlöse mich!

Adonai, Vater, hilf ...., sich nichts zuschulden kommen zu lassen in allem, was .... tut. Schenke .... deine Barmherzigkeit und rette .... in allen Umständen.

PSALM 27

GOTT SCHENKT GEBORGENHEIT

Anbetung

1b Der HERR ist mein Licht, er rettet mich. Vor wem sollte ich mich noch fürchten? Bei ihm bin ich geborgen wie in einer Burg. Vor wem sollte ich noch zittern und zagen?

3a Selbst wenn eine ganze Armee gegen mich aufmarschiert, habe ich dennoch keine Angst.

Licht, Retter, Berger vor Gefahren, Lebensretter!
Ich preise dich über .... Leben;
deine Gegenwart gibt .... Sicherheit
und alles, was .... braucht.

Buße

11 Zeige mir, was ich tun soll! Führe mich auf sicherem Weg, meinen Feinden zum Trotz.

Jesus Christus, zeige .... jeden Tag,
wie .... leben soll, damit ....
nicht in die Hände von Feinden fällt.

Dank

10 Selbst wenn Vater und Mutter mich verstoßen, nimmst du, HERR, mich dennoch auf.

Danke: Du wirst .... niemals verstoßen
oder vergessen!

Fürbitte

4 Um eines habe ich den HERRN gebeten; das ist alles, was ich will: Solange ich lebe, möchte ich im Haus des HERRN bleiben. Dort will ich erfahren, wie freundlich der HERR ist, und still nachdenken in seinem Tempel.

Herr, schenke .... tiefes Verlangen, in deiner Nähe zu leben, still zu werden und deine Freundlichkeit zu betrachten jeden Tag von .... Leben und bis in Ewigkeit.

PSALM 28

SCHÜTZENDER GOTT

Anbetung

6 Gepriesen sei der HERR, denn er hat meinen Hilfeschrei gehört!

8 Der HERR macht sein Volk stark; wie eine sichere Burg beschützt er den König, den er auserwählt und eingesetzt hat.

Ich preise dich über .... Existenz! Du bist der schützende und rettende Gott in .... Leben.

Buße

5 Sie missachten, was der HERR getan hat, und sein Handeln ist ihnen gleichgültig. Deshalb wird er sie vernichten, und niemand wird übrig bleiben.

Herr, schenke .... immer ein achtsames Herz, das deine Werke erkennt und dich ehrt.

Dank

7 Er hat mir neue Kraft geschenkt und mich beschützt. Ich habe ihm vertraut, und er hat mir geholfen. Jetzt kann ich wieder von Herzen jubeln! Mit meinem Lied will ich ihm danken.

Danke, dass du und deine Freude in .... wohnen. Du bringst .... zum Singen, weil du .... Stärke und .... Schutz bist.

Fürbitte

9 HERR, hilf deinem Volk! Segne uns, denn wir gehören doch dir. Führe uns wie ein Hirte und trage uns für immer in deinen Armen!

Herr, ... gehört dir, hilf .... in allem, segne und führe .... wie ein Hirte! Trage .... für immer in deinen Armen.

PSALM 29

GOTTES MÄCHTIGE STIMME

Anbetung

3 Die Stimme des HERRN erschallt über die Meere, der erhabene Gott lässt den Donner grollen. Er ist der HERR,
der über den Weiten des Ozeans thront. 4 Wie gewaltig
ist seine Stimme, wie herrlich und furchtbar zugleich!
5 Sie spaltet mächtige Bäume, ja, der HERR zersplittert
die stärksten Zedern.

Herr, deine Stimme erschallt über .... Leben. Du bist herrlich und furchtbar zugleich, ich preise deine Kraft und Macht!

Buße

2 Ehrt seinen wunderbaren Namen, werft euch
vor ihm nieder in seiner herrlichen Pracht!

Heiliger Geist, erfülle du .... Herz, dass .... dich ehrt und anbetet. Lass .... deine herrliche Pracht im Herzen erfassen!

Dank

10 Der HERR thront über den Fluten, als König herrscht
er für alle Zeit.

Du bist so groß und herrschst für alle Zeit! Danke, dass du mit .... sprichst und .... liebst.

Fürbitte

11 Der HERR wird seinem Volk Kraft geben, er wird es
segnen und ihm Frieden schenken.

Herr, schenke ...., deinem geliebten Kind, Kraft und Frieden!

PSALM 30

GOTT, DER LEBENSRETTER

Anbetung

2 Ich will dich preisen, HERR, denn du hast mich aus der Tiefe heraufgezogen! Du hast meinen Feinden keinen Grund gegeben, sich über mein Unglück zu freuen.

4 Ich war schon mehr tot als lebendig, doch du hast mich dem sicheren Tod entrissen und mir das Leben neu geschenkt.

Ich preise dich, du Lebensretter von . . . .

Buße

7 Als es mir gut ging, dachte ich selbstzufrieden: »Was kann mir schon passieren?«

Heiliger Geist, erinnere . . . . immer daran, dass du allein . . . . Lebensretter bist!

Dank

13 Nun kann ich dich mit meinen Liedern loben, nie will ich verschweigen, was du für mich getan hast. Immer und ewig will ich dir danken, HERR, mein Gott!

Danke! Durch deine Rettung schenkst du . . . . ein dankbares Herz. Immer wird . . . . dir danken!

Fürbitte

12 Du hast mein Klagelied in einen Freudentanz verwandelt. Du hast mir die Trauerkleider ausgezogen und mich mit einem Festgewand bekleidet.

Herr, verwandle jedes Klagelied in . . . . Leben in einen Freudentanz. Jesus, ziehe . . . . die Trauerkleider aus und bekleide . . . . mit einem Festgewand.

PSALM 31

GOTT, MEINE BURG

Anbetung

3 Höre mein Gebet und komm mir schnell zu Hilfe! Bring
mich in Sicherheit und beschütze mich wie in einer Burg,
die hoch oben auf dem Felsen steht. 4 Ja, du bist mein
schützender Fels, meine sichere Burg. Du wirst mich
führen und leiten, um deinem Namen Ehre zu machen!

Du bist .... Burg und Festung. Ich preise dich, du bist der stärkste Schutz vor dem Bösen.

Buße

24 Liebt den HERRN, alle, die ihr zu ihm gehört! Wer treu
zu ihm hält, steht unter seinem Schutz, doch wer
selbstgerecht ist, dem zahlt er es doppelt heim.

Herr, beschütze .... Herz, dass .... dich immer liebt und niemals davon abweicht. Beschütze .... durch deine Liebe!

Dank

20 Doch groß ist deine Güte, HERR! Du hältst sie bereit für
die Menschen, die dir mit Ehrfurcht begegnen. Vor aller
Augen zeigst du sie denen, die bei dir Zuflucht suchen.

Danke, dass deine große Güte immer bereit ist für .... Du hörst .... Gebet und beschützt ....!

Fürbitte

6 In deine Hände lege ich mein Leben, denn du wirst
mich erlösen, HERR, du treuer Gott!

Herr, ich bete, dass .... Herz, Geist, Seele und Leben bedingungslos in deinen Händen liegt. Lass .... nie vergessen, dass du .... retten willst und .... immer treu bist.

PSALM 32

GOTT, BEFREIER VON SCHULD

Anbetung

1b Glücklich sind alle, denen Gott ihr Unrecht vergeben und
ihre Schuld zugedeckt hat! 2 Glücklich ist der Mensch,
dem der HERR seine Sünden nicht anrechnet und der
mit Gott kein falsches Spiel treibt!

Gott, du allein bist fähig, Sünde zu vergeben! Ich preise dich als Schuldenbefreier in . . . . Leben.

Buße

10 Wer Gott den Rücken kehrt, der schafft sich Not und
Schmerzen. Wer jedoch dem HERRN vertraut, den wird
Gottes Liebe umgeben.

Jesus Christus, bitte hilf . . . . , auf dich allein zu vertrauen, und umgib . . . . mit deiner Güte.

Dank

5 Da endlich gestand ich dir meine Sünde; mein Unrecht
wollte ich nicht länger verschweigen. Ich sagte: »Ich will
dem HERRN meine Vergehen bekennen!« Und wirklich:
Du hast mir meine ganze Schuld vergeben!

Danke, Jesus Christus, du vergibst . . . . alle Schuld und Auflehnung gegen dich. Voller Freude kann . . . . dich loben und preisen!

Fürbitte

8 Du sprichst zu mir: »Ich will dich lehren und dir den
Weg zeigen, den du gehen sollst; ich berate dich,
nie verliere ich dich aus den Augen.«

Herr, gib . . . . Verständnis und Weisung,
welchen Weg . . . . einschlagen soll.
Berate . . . . und verliere . . . .
nie aus den Augen!

PSALM 33

GOTT IST VERLÄSSLICH

Anbetung

4 Denn was der HERR sagt, das meint er auch so,
und auf das, was er tut, kann man sich verlassen.

6 Nur ein Wort sprach er, und der Himmel wurde
geschaffen, Sonne, Mond und Sterne entstanden,
als er es befahl.

Du bist .... Schöpfer, ich bete dich an!
Ich preise dich, du bist die Wahrheit, und ....
kann sich absolut auf dich verlassen.

Buße

16 Kein König siegt durch die Größe seines Heeres;
kein Soldat kehrt heil aus der Schlacht zurück,
nur weil er so stark ist.

Jesus Christus, lass .... niemals vergessen,
dass du allein die Kraft und Macht hast!

Dank

18 Der HERR aber beschützt alle, die ihm mit Ehrfurcht
begegnen und die auf seine Gnade vertrauen. 19 Er
bewahrt sie vor dem sicheren Tod, und in der Hungers-
not erhält er sie am Leben.

Danke, dass du .... belohnst, wenn
.... dir mit Ehrfurcht begegnet und
auf deine Gnade vertraut!

Fürbitte

20 Wir setzen unsere Hoffnung auf den HERRN, er
steht uns bei, ja, er ist der Schild, der uns schützt.

Herr, beschütze .... wie ein Schild!
Hilf ...., dir zu vertrauen, denn du
allein kannst .... immer helfen.

PSALM 34

GOTT, BEFREIER VON ANGST

Anbetung

3 Von ganzem Herzen lobe ich ihn; wer entmutigt ist,
soll es hören und sich freuen! 4 Preist mit mir diesen
großen HERRN, lasst uns gemeinsam seinen Namen
bekannt machen! 5 Als ich beim HERRN Hilfe suchte,
erhörte er mich und befreite mich aus aller Angst.

Allein dich will ich loben über dem Leben von .... ! Du bist groß und der Befreier aus aller Angst!

Buße

10 Begegnet dem HERRN mit Ehrfurcht, alle, die ihr zu
ihm gehört! Denn wer ihn ernst nimmt, der muss
keinen Mangel leiden.

Jesus Christus, hilf ...., immer in deiner vollkommenen Gegenwart zu bleiben und dich allein zu ehren.

Dank

6 Wer zu ihm aufschaut, der strahlt vor Freude, und sein
Vertrauen wird nie enttäuscht.

Danke, du erfüllst .... Hoffnung in dich! .... wird vor Freude strahlen und niemals beschämt dastehen.

Fürbitte

18 Wenn aber rechtschaffene Menschen zu ihm rufen,
hört er sie und rettet sie aus jeder Not. 19 Der HERR
ist denen nahe, die verzweifelt sind, und rettet
diejenigen, die alle Hoffnung verloren haben.

Herr, schenke .... lebendigen Glauben, dass du .... hörst und aus aller Not rettest. Lass .... deine Gegenwart spüren, besonders wenn .... zutiefst verzweifelt ist.

PSALM 35

GOTT, DER FREISPRECHER

Anbetung 10 Alle meine Glieder werden in das Lob einstimmen und sagen: »HERR, niemand ist wie du!« Du beschützt den Schwachen vor dem Starken und rettest den Armen und Wehrlosen vor dem Räuber.

Loben und preisen will ich dich über .... Leben, niemand ist wie du, der .... vor dem Starken beschützt, wenn .... schwach ist, und rettet vor dem Räuber, wenn .... arm und wehrlos ist!

Buße 24 Du bist ein gerechter Richter, darum sprich mich frei, HERR, mein Gott! Dann können sie nicht länger schadenfroh über mich lachen.

Jesus Christus, du bist .... Vergebung und Gerechtigkeit, lass .... täglich daraus schöpfen und sich an dir freuen.

Dank 28 Ich will immer davon reden, wie gerecht du bist und handelst. Tag für Tag will ich dich loben!

Danke, dass .... Leben erfüllt ist mit göttlicher Gerechtigkeit und Güte durch Jesus! Voller Freude kann .... anderen Menschen davon erzählen.

Fürbitte 1b HERR, widersetze dich denen, die sich mir widersetzen! Bekämpfe alle, die mich bekämpfen!

Herr, stelle dich allen Feinden von .... entgegen und kämpfe gegen alle Angreifer! Lass .... voller Vertrauen auf dich hoffen.

PSALM 36

GOTT, QUELLE DES LEBENS

Anbetung

6 HERR, deine Güte ist unvorstellbar weit wie der Himmel,
und deine Treue reicht so weit, wie die Wolken ziehen.

9 Aus dem Reichtum deines Hauses schenkst du [den
Menschen] mehr als genug, mit Freude und Glück überschüttest du sie. 10 Denn du bist die Quelle – alles Leben
strömt aus dir. In deinem Licht sehen wir das wahre Licht.

Du bist die Quelle, das Leben und das Licht, durch das .... lebt. Du überschüttest .... mit Freude und Glück. Ich preise dich!

Buße

2 Der Gottlose wird durch und durch von der Sünde
beherrscht; die Ehrfurcht vor Gott ist ihm völlig fremd.

Jesus Christus, du bist Freiheit in .... Herz. Lass .... nie vergessen, wie stark du bist, und gib .... Ehrfurcht ins Herz!

Dank

8 Wie kostbar ist deine Güte, o Gott: Bei dir finden
Menschen Schutz und Sicherheit.

Danke, dass deine kostbare Güte .... Schutz ist und .... bei dir Sicherheit finden kann.

Fürbitte

9 Aus dem Reichtum deines Hauses schenkst du ihnen
mehr als genug, mit Freude und Glück überschüttest
du sie. 10 Denn du bist die Quelle – alles Leben strömt
aus dir. In deinem Licht sehen wir das wahre Licht.

Herr, beschenke .... aus deinem Überfluss mit Freude. Deine Quelle des Lebens und des Lichts soll in .... Herzen sprudeln.

PSALM 37

GOTT, DER ERFÜLLER VON HERZENSWÜNSCHEN

Anbetung 4 Freue dich über den HERRN, und er wird dir geben,
was du dir von Herzen wünschst. 5 Befiehl dem
HERRN dein Leben an und vertraue auf ihn, er wird
es richtig machen.

Du Gott, der Herzenskenner, du Herzenswunscherfüller und guter Lebensführer von ...., dich will ich loben.

Buße 7 Warte still und geduldig darauf, dass der HERR eingreift! Entrüste dich nicht, wenn Menschen böse Pläne schmieden und sie dabei auch noch Erfolg haben!

Heiliger Geist, erfülle du .... Herz und Leben mit Ruhe und Vertrauen auf dich. Beschütze .... vor Ärger und Angst vor bösen Menschen.

Dank 4 Freue dich über den HERRN, und er wird dir geben, was du dir von Herzen wünschst.

Danke, dass .... Herz erfüllt ist mit Freude an dir. Du wirst .... alles geben, was .... sich von Herzen wünscht.

Fürbitte 4 Freue dich über den HERRN, und er wird dir geben,
was du dir von Herzen wünschst. 5 Befiehl dem
HERRN dein Leben an und vertraue auf ihn, er wird
es richtig machen.

Herr, gib .... reine Freude über dich ins Herz. Schenke .... die Gelassenheit, dir die Führung zu überlassen.

PSALM 38

GOTT ANTWORTET

Anbetung

16 Denn auf dich, HERR, hoffe ich, du wirst ihnen [meinen Todfeinden] die passende Antwort geben, mein HERR und mein Gott!

Ich preise dich! Du bist .... Gott und antwortest für ....! Du hast alle Macht, Weisheit und Kraft, und du regierst über .... Leben.

Buße

18 Es fehlt nicht mehr viel, und ich liege am Boden, ständig werde ich von Schmerzen gequält.

Herr, beschütze .... in schmerzhaften Zeiten, dass .... immer zu dir ruft und gerettet wird.

Dank

10 HERR, du kennst meine Sehnsucht, du hörst mein Seufzen!

Danke, du antwortest auf .... Seufzen, ... Sehnsüchte sind dir nicht verborgen!

Fürbitte

22 HERR, verlass mich nicht! Mein Gott, bleib nicht fern
von mir! 23 Komm und hilf mir schnell! Du bist doch
mein HERR und mein Retter!

Herr, verlasse .... nicht, sei .... niemals fern und hilf .... immer innert kürzester Zeit.

PSALM 39

GOTT IST HOFFNUNG

Anbetung

5 HERR, lass mich erkennen, wie kurz mein Leben ist
und dass meine Tage gezählt sind; wie vergänglich
bin ich doch!

8 Worauf kann ich da noch hoffen? HERR, du allein
bist meine Hoffnung!

Ich preise dich, du bist . . . . einzig wahre und wunderbarste Hoffnung in aller Vergänglichkeit des Lebens.

Buße

9 Vergib mir alle meine Sünden und mach mich
nicht zum Gespött dieser Narren!

Jesus Christus, lass . . . . dich immer vor Augen haben, weil du allein . . . . Schuldbefreier und Beschützer bist.

Dank

8 Worauf kann ich da noch hoffen? HERR, du allein
bist meine Hoffnung!

Danke, dass . . . . immer hoffen kann.
Du, Jesus Christus, bist . . . . Hoffnung.

Fürbitte

13 Höre mein Gebet, HERR, und achte auf meinen Hilfeschrei! Schweige nicht, wenn du mein Weinen ver-
nimmst! Denn vor dir bin ich nur ein Gast auf dieser Erde,
ein Fremder ohne Bürgerrecht, so wie meine Vorfahren.

Herr, lass . . . . immer zu dir beten. Höre den Hilfeschrei von . . . . und verschließe deine Augen nicht, wenn . . . . in Not ist.

PSALM 40

GOTT TUT WUNDER

Anbetung

6 HERR, mein Gott, du bist einzigartig! Du hast so viele Wunder getan, alles hast du sorgfältig geplant! Wollte ich das schildern und beschreiben – niemals käme ich zum Ende!

. . . . Leben ist ein Wunder, ich preise dich! Du hast für . . . . jeden einzelnen Tag sorgfältig geplant. Herr, ... Gott, du bist einzigartig!

Buße

9 Ich will gerne deinen Willen tun, mein Gott, dein Gesetz ist mir ins Herz geschrieben.

Heiliger Geist, hilf . . . . , gerne auf deine Stimme zu hören und zu tun, was dein Wort . . . . lehrt.

Dank

4 Er gab mir ein neues Lied in meinen Mund, einen Lobgesang für unseren Gott. Das werden viele Leute hören, sie werden den HERRN wieder achten und ihm ganz neu vertrauen.

Danke, dass du . . . . beschenkst mit Lobliedern für dich; auch andere werden dadurch ermutigt!

Fürbitte

17 Aber alle, die nach dir fragen, sollen vor Freude jubeln! Wer dich als Retter kennt und liebt, soll immer wieder rufen: »Groß ist der HERR!«

Herr, lass . . . . immer deine Nähe suchen und große Freude erfahren. Lass . . . . Jesus Christus von ganzem Herzen lieben.

PSALM 41

GOTT, DER LEBENSBEWAHRER

Anbetung

2 Glücklich ist, wer sich für die Schwachen einsetzt!
Wenn ihn ein Unglück trifft, hilft der HERR ihm wieder
heraus. 3 Der HERR wird ihn beschützen und am Leben
erhalten; im ganzen Land wird man von seinem Glück
erzählen. Gott überlässt ihn nicht der Willkür seiner
Feinde.

Du bist es, der .... Leben erhält, ich lobe und preise dich. Du hast ein Herz für alle Menschen und freust dich, wenn .... sich für die Schwachen einsetzt.

Buße

5 Deshalb bete ich zu dir: »HERR, ich habe gegen
dich gesündigt, aber sei mir gnädig und mach
mich wieder gesund!«

Jesus Christus, hilf ...., täglich mit dir zu sprechen und Unheil und Schuld zu dir zu bringen!

Dank

4 Und wenn er auf dem Krankenbett liegt, steht
der HERR ihm zur Seite und hilft ihm wieder auf.

Danke, Herr, du stärkst .... in Krankheit und hilfst .... wieder auf.

Fürbitte

13 Du hältst zu mir, weil ich unschuldig bin.
Für immer darf ich in deiner Nähe bleiben.

Herr, schenke .... ein reines Herz,
sodass .... in deiner Nähe bleiben kann.
Bewahre .... Leben in und mit dir.

PSALM 42

GOTT, DER FELS

Anbetung

9 Tagsüber seufze ich: »HERR, schenke mir deine Gnade!«
Und nachts singe und bete ich zu Gott, in dessen Hand
mein Leben liegt. 10 Gott, du bist doch mein einziger
Halt! Warum hast du mich vergessen? Warum lässt du
mich leiden unter der Gewalt meiner Feinde?

Du bist voller Gnade für .... Leben.
Du bist ein Fels und der einzige Halt für
.... Dich will ich loben und anbeten.

Buße

2 Wie ein Hirsch nach frischem Wasser lechzt, so sehne
ich mich nach dir, o Gott! 3 Ja, ich dürste nach Gott,
nach dem lebendigen Gott. Wann darf ich in seinen
Tempel kommen? Wann darf ich wieder vor ihn treten?

Heiliger Geist, gib .... Hunger und Durst nach dem lebendigen Gott, lass .... ausharren im Warten!

Dank

12 Warum nur bin ich so traurig? Warum ist mein Herz
so schwer? Auf Gott will ich hoffen, denn ich weiß:
Ich werde ihm wieder danken. Er ist mein Gott,
er wird mir beistehen!

Danke, dass .... Hoffen und Warten auf dich immer zum Ziel führt.

Fürbitte

6 Warum nur bin ich so traurig? Warum ist mein Herz
so schwer? Auf Gott will ich hoffen, denn ich weiß:
Ich werde ihm wieder danken. Er ist mein Gott,
er wird mir beistehen!

Mein Herr, schenke .... immer wieder neue Hoffnung ins Herz, wenn .... traurig und mutlos ist. Du bist .... Fels!

PSALM 43

GOTT IST LICHT UND WAHRHEIT

Anbetung

3 Gib mir dein Licht und deine Wahrheit! Sie sollen mich
zurückführen zu deinem heiligen Berg, zu dem Ort,
wo du wohnst! 4 An deinem Altar will ich dich anbeten,
will mich über dich freuen und dir zujubeln. Dankbar
spiele ich dir auf der Laute, dir, meinem Gott!

Gott, du bist das Licht und die Wahrheit! Du leitest .... zu deinem Altar, wo .... dich loben und anbeten kann.

Buße

3 Gib mir dein Licht und deine Wahrheit! Sie sollen mich
zurückführen zu deinem heiligen Berg, zu dem Ort,
wo du wohnst!

Jesus Christus, dein Licht und deine Wahrheit sollen .... immer den Weg zeigen. Richte .... Herzensaugen auf dich allein!

Dank

5 Warum nur bin ich so traurig? Warum ist mein Herz
so schwer? Auf Gott will ich hoffen, denn ich weiß:
Ich werde ihm wieder danken. Er ist mein Gott,
er wird mir beistehen!

Danke – auch wenn .... mutlos und traurig ist, kann .... hoffen, und du wirst .... retten!

Fürbitte

3 Gib mir dein Licht und deine Wahrheit! Sie sollen mich
zurückführen zu deinem heiligen Berg, zu dem Ort,
wo du wohnst!

Herr, sende .... dein Licht und deine Wahrheit, damit .... in deine Nähe kommen kann.

PSALM 44

GOTT IST GEGENWÄRTIG

Anbetung

4 Unsere Vorväter haben das Land in Besitz genommen. Aber nicht ihre Schwerter, nicht ihre eigene Kraft verhalf ihnen zum Sieg. Nein, du hast machtvoll eingegriffen und für sie gekämpft. Du hast sie durch deine Gegenwart gestärkt, denn du hattest sie lieb.

6 Mit deiner Hilfe unterwerfen wir die Feinde; in deinem Namen bezwingen wir die Gegner.

Du bist gegenwärtig in .... Leben! Durch dich und mit dir kann .... alles Böse überwinden. Alle Ehre gehört dir allein.

Buße

7 Ich verlasse mich nicht auf meinen Bogen, mein Schwert garantiert mir nicht den Sieg.

Jesus Christus, lass .... sich nicht auf sich und die eigene Kraft verlassen, sondern auf dich!

Dank

9 Wir sind stolz auf unseren Gott. Darum hören wir nicht auf, dir zu danken, HERR.

Du bist immer bei ...., und deshalb kann .... dich loben und dir unaufhörlich danken!

Fürbitte

23 Aber unser Unglück hat einen anderen Grund: Weil wir zu dir gehören, werden wir überall verfolgt und getötet – wie Schafe, die zum Schlachten bestimmt sind!

27 Greif ein und komm uns zu Hilfe! Erlöse uns, weil du uns doch liebst!

Herr, erhebe dich, wenn .... um deines Namens willen leiden muss, hilf .... und rette .... um deiner Gnade willen.

PSALM 45

GOTT ERFÜLLT MIT FREUDE

Anbetung 2b Ein schönes Lied will ich für den König singen. Wie ein
Dichter seine Feder, so gebrauche ich meine Zunge für
ein kunstvolles Lied: 3 Du bist schön und stattlich wie
kein anderer! Freundlich und voller Güte sind deine
Worte. Jeder kann sehen, dass Gott dich für immer reich
beschenkt hat.

Jesus Christus, du bist .... König, gütig und wunderschön. Gott hat dich für immer reich beschenkt.

Buße 11a Höre, Königstochter, und nimm dir meine Worte zu
Herzen! 12b Verneige dich vor ihm [deinem König],
denn er ist dein HERR und Gebieter!

Jesus Christus, stärke ...., dich herzlich zu lieben, zu ehren und zu achten.

Dank 7b In deinem Reich herrscht vollkommene Gerechtigkeit, 8
denn du liebst das Recht und hasst das Böse. Darum hat
dich dein Gott als Herrscher eingesetzt, er hat dich zum
Zeichen dafür mit Öl gesalbt und mehr als alle anderen
mit Freude beschenkt.

Du bist .... Freude und Gerechtigkeit, danke, dass .... für immer geliebt ist.

Fürbitte 2 Mein Herz ist von Freude erfüllt, ein schönes Lied will
ich für den König singen. Wie ein Dichter seine Feder,
so gebrauche ich meine Zunge für ein kunstvolles Lied.

Heiliger Geist, erfülle du .... Herz mit schönen Worten, dass .... dir Liebeslieder singt und Gedichte schreibt, weil du .... so sehr liebst!

PSALM 46

GOTT, DER BEWÄHRTE NOTHELFER

Anbetung 2 Gott ist unsere Zuflucht und Stärke, ein bewährter Helfer
in Zeiten der Not. 3 Darum fürchten wir uns nicht, selbst
wenn die Erde erbebt, die Berge wanken und in den
Tiefen des Meeres versinken. 4 Auch dann nicht, wenn
die Wogen tosen und schäumen und die Berge von
ihrem Wüten erschüttert werden.

Du bist der bewährte Nothelfer in . . . . Leben. Du bist . . . . Zuflucht und Stärke. Ich preise dich, die Wogen und Berge müssen dir gehorchen.

Buße 11 »Hört auf!«, ruft er, »und erkennt, dass ich Gott bin! Ich stehe
über den Völkern; ich habe Macht über die ganze Welt.«

Jesus Christus, bitte hilf . . . . , immer wieder innezuhalten und dich und deine Macht zu erkennen und zu ehren.

Dank 8 Der HERR, der allmächtige Gott, steht uns bei!
Der Gott Jakobs ist unser Schutz.

Danke, du bist . . . . persönlicher Schutz, ... ist dein Kind.

Fürbitte 6 Gott ist in ihrer Mitte, schon früh am Morgen beschützt er
sie; niemals wird sie [die Stadt Gottes] ins Unglück stürzen.

12 Der HERR, der allmächtige Gott, steht uns bei!
Der Gott Jakobs ist unser Schutz!

Herr, ich bete, dass du in und um . . . . wohnst und . . . . deshalb niemals ins Unglück stürzen wird. Beschütze . . . . Leben und Heim jeden einzelnen Tag!

PSALM 47

GOTT, DER HÖCHSTE

Anbetung

2 Freut euch und klatscht in die Hände, alle Völker!
Lobt Gott mit lauten Jubelrufen! 3 Denn der HERR ist
der Höchste, ein großer König über die ganze Welt.
Alle müssen vor ihm erzittern!

Voller Freude lobe und preise ich dich, du höchster Gott. Du bist der heilige Gott und König über .... Leben.

Buße

3 Denn der HERR ist der Höchste, ein großer König über die ganze Welt. Alle müssen vor ihm erzittern!

Jesus Christus, hilf ...., immer wieder zu verstehen, dass du allein König über alle Nationen bist, und dich zu ehren!

Dank

5 Aus Liebe zu uns, den Nachkommen von Jakob, wählte er das Land, in dem wir leben. Dieses Erbe ist unser ganzer Stolz.

Danke, dass .... durch Jesus Christus Zugang hat zu allen Verheißungen in der Bibel.

Fürbitte

7 Singt zu Gottes Ehre, singt! Singt zur Ehre unseres
Königs! Ja, singt und musiziert! 8 Denn Gott ist König
über die ganze Welt, singt ihm ein neues Lied!

Herr, lass .... voller Freude singen, beten, Gedichte und Lieder schreiben, um dich zu ehren und zu lieben.

PSALM 48

EWIGER GOTT

Anbetung 9 Das alles haben wir früher nur gehört, doch nun erleben wir es selbst: Gott ist der allmächtige HERR, an Jerusalem sehen wir seine Größe. Durch ihn wird die Stadt auf ewig bestehen.

15 »So ist Gott! Er ist unser HERR für immer und ewig; allezeit wird er uns führen!«

Du bist Gott für immer und ewig! Ich preise dich über .... Leben, du wirst .... durch Jesus Christus immer begleiten bis in Ewigkeit!

Buße 10 In deinem Tempel, o Gott, denken wir über deine Güte nach.

Jesus Christus, lass .... immer wieder über deine Güte nachdenken und dich voller Freude anbeten.

Dank 15 »So ist Gott! Er ist unser HERR für immer und ewig; allezeit wird er uns führen!«

Danke, dass du .... jeden Tag und in Ewigkeit führen wirst!

Fürbitte 14 Bestaunt die unbezwingbaren Mauern und Paläste! Dann könnt ihr der nächsten Generation erzählen:

15a »So ist Gott!«

Herr, lass .... die wunderbare Geschichte deines Volkes und deiner Liebe zu ihm verstehen. Gib .... den Wunsch, davon weiterzuerzählen.

PSALM 49

GOTT, DER ERLÖSER VOM TOD

Anbetung

16 Ich bin gewiss: Gott wird mich erlösen, er wird mich den Klauen des Todes entreißen.

Du bist der Erlöser von .... Leben, ich preise dich. Du hast .... durch deine Macht und Stärke dem Tod entrissen.

Buße

11 Jeder kann es sehen: Auch die klügsten Menschen
werden vom Tod ereilt, genauso wie Tagträumer und
Dummköpfe. Ihren Besitz müssen sie zurücklassen –
für andere! 12 Sie bilden sich ein, dass ihre Häuser
für die Ewigkeit gebaut sind und alle Generationen
überdauern. Aber es hilft ihnen nichts, selbst wenn
sie ganze Länder besessen haben.

Jesus Christus, lass .... immer erkennen: Du bist der Einzige, der vom Tod erlösen und ewiges Leben geben kann.

Dank

16 Ich bin gewiss: Gott wird mich erlösen, er wird mich den Klauen des Todes entreißen.

Danke, dass du .... Leben freigekauft hast, der Tod hat keine Macht über ....

Fürbitte

16 Ich bin gewiss: Gott wird mich erlösen, er wird mich den Klauen des Todes entreißen.

Herr und Heiland, hilf ...., immer tiefer zu verstehen, dass .... in dir und durch dich ewige Rettung finden kann. Erfülle .... Herz mit großer Vorfreude, bei dir zu sein!

PSALM 50

GOTT DER HERZEN

Anbetung 1b Gott, der HERR, der Mächtige, spricht; er ruft die Welt
vom Osten bis zum Westen. 2 Auf dem Zion, dem
schönsten aller Berge, erscheint Gott in strahlendem
Glanz. 3 Ja, unser Gott kommt, er wird
nicht länger schweigen. Ein verheerendes Feuer
lodert vor ihm her, um ihn tobt ein schwerer Sturm.

Ich preise dich, du Gott und König von .... Herz. Du bist wunderschön und stark, ein verheerendes Feuer lodert vor dir her, und um dich tobt ein mächtiger Sturm!

Buße 17 Doch meine Zurechtweisung willst du nicht hören;
du tust, was du willst, und verwirfst meine Ordnungen.

Heiliger Geist, wirke du in .... ein Herz, das sich gerne von dir zurechtweisen lässt. Hilf ...., deine liebevollen Ermahnungen ernst zu nehmen und zu befolgen.

Dank 14 Dank ist das Opfer, das ich von dir erwarte; erfülle die
Versprechen, die du mir, dem Höchsten, gegeben hast!

Danke, dass du .... zum Danken und Glauben aufrufst.

Fürbitte 15 Wenn du keinen Ausweg mehr siehst, dann rufe mich
zu Hilfe! Ich will dich retten, und du sollst mich preisen.

Gott, du König von .... Herzen, hilf ...., dir zu vertrauen, wenn .... keinen Ausweg mehr sieht. Lass .... nie vergessen, dich zu preisen.

PSALM 51

GOTT, DER REINWASCHER

Anbetung

3 Du barmherziger Gott, sei mir gnädig! Lösche meine Vergehen aus, denn du bist voll Erbarmen!

9 Reinige mich von meiner Schuld, dann bin ich wirklich rein; wasche meine Sünde ab, dann bin ich weißer als Schnee!

Ich preise dich, Gott, du reinigst .... Herz, dass es weißer als Schnee ist. Du bist barmherzig und voller Gnade!

Buße

7 Schon von Geburt an bestimmt die Sünde mein Leben; ja, seit ich im Leib meiner Mutter entstand, liegt Schuld auf mir.

Heiliger Geist, bewirke du Sündenerkenntnis in .... Herz und Sinn.

Dank

8 Du freust dich, wenn ein Mensch von Herzen aufrichtig ist; verhilf mir dazu und lass mich weise handeln!

Danke, dass du .... niemals aufgibst und .... lehrst, wahrhaftig und weise zu leben.

Fürbitte

12 Erschaffe in mir ein reines Herz, o Gott; erneuere mich und gib mir die Kraft, dir treu zu sein!

Gott, erschaffe in .... ein reines Herz und gib .... die Kraft, dir treu zu sein im Glauben.

PSALM 52

AUF GOTT IST VERLASS

Anbetung

11 Immer und ewig will ich dir danken, Gott, für das,
was du getan hast; vor allen, die treu zu dir stehen,
will ich bezeugen, wie gut du bist! Auf dich setze
ich mein ganzes Vertrauen!

Gott du bist absolut vertrauenswürdig! Ich preise dich, deine Taten und deinen mächtigen Namen über .... Leben.

Buße

5 Du liebst das Böse mehr als das Gute, die Lüge mehr
als die Wahrheit.

Jesus Christus, lass .... das Böse und die Lüge aus tiefstem Herzen hassen, hilf ...., dich und die Wahrheit immer zu lieben.

Dank

11 Immer und ewig will ich dir danken, Gott, für das,
was du getan hast; vor allen, die treu zu dir stehen,
will ich bezeugen, wie gut du bist! Auf dich setze ich
mein ganzes Vertrauen!

Danke, dass du .... in Ewigkeit Gutes tust und .... allen Grund hat, das zu bezeugen und dir zu vertrauen.

Fürbitte

10 Ich aber darf wachsen und gedeihen wie ein Ölbaum,
der im Schutz von Gottes Haus grünt. Für alle Zeiten
weiß ich mich geborgen, weil Gott mir gnädig ist.

Herr, hilf ...., sich immer auf deine Gnade zu verlassen. Lass .... Leben wie ein Ölbaum sein, der im Schutz deines Hauses grünt.

PSALM 53

GOTT SCHAUT HIN

Anbetung

3 Gott schaut vom Himmel auf die Menschen.
Er will sehen, ob es wenigstens einen gibt,
der einsichtig ist und nach ihm fragt.

Gott ich preise dich, dass du auf . . . . schaust. Ich preise dich, dass deine Augen wachen und alles sehen, was passiert.

Buße

4 Aber alle haben sich von ihm abgewandt und sind
nun verdorben, einer wie der andere. Da ist wirklich
keiner, der Gutes tut, nicht ein Einziger!

Ja, Jesus Christus, ... und wir alle sind sündige Menschen. Ich bete, dass . . . . dir glaubt, dass du, Jesus Christus, ... persönlicher Heiland bist.

Dank

7 Ach, käme Gott doch vom Berg Zion, um sein Volk
zu retten! Dann wird wieder Freude in Israel herrschen,
ja, alle Nachkommen von Jakob werden jubeln, wenn
Gott ihr Schicksal zum Guten wendet.

Danke, dass du, Jesus Christus, für . . . . geopfert wurdest, zur Vergebung aller Schuld von . . . .

Fürbitte

2 Wer sich einredet: »Gott gibt es überhaupt nicht!«,
der ist unverständig und dumm. Solche Menschen
richten nichts als Unheil an und begehen abscheuli-
ches Unrecht. Es gibt keinen, der Gutes tut.

Herr, bewahre . . . . vor unverständigen, dummen Menschen und dem törichten Denken, es gäbe keinen Gott. Segne . . . . mit Gutem durch Jesus Christus.

PSALM 54

GOTT, RETTER AUS JEDER NOT

Anbetung

6 Aber ich weiß: Gott ist mein Helfer, der HERR setzt sich stets für mich ein.

8 Mit frohem Herzen will ich dir Opfer bringen, ich will dich
preisen, HERR, denn du bist gut. 9 Aus jeder Not hast du
mich errettet, nur so konnte ich die Feinde besiegen.

Ich preise dich! Du rettest .... aus jeder Not. Du erhältst .... Leben. Du bist gut und hilfst .... zu siegen.

Buße

5 Menschen, die ich nicht kenne, fallen über mich her. Sie schrecken vor keiner Gewalttat zurück, ja, sie trachten mir nach dem Leben. Du, Gott, bist ihnen völlig gleichgültig!

Herr, erinnere .... , sich in jeder Not an dich allein zu wenden und deiner Stärke und Hilfe zu vertrauen.

Dank

6 Aber ich weiß: Gott ist mein Helfer, der HERR setzt sich stets für mich ein.

Danke, du bist .... persönlicher Helfer und der Erhalter .... Lebens!

Fürbitte

7 Er wird dafür sorgen, dass meine Feinde durch ihre eigene Bosheit zu Fall kommen. Ja, Gott, beseitige sie! Du bist doch treu!

Herr, schenke .... tiefes Vertrauen ins Herz, dass du .... aus jeder Not und vor allen Feinden rettest und .... hilfst, alles zu überwinden.

PSALM 55

GOTT IST SICHERHEIT

Anbetung

20 Gott, der seit Ewigkeiten herrscht, wird mich erhören.
Er bleibt ihnen [meinen vielen Feinden] die Antwort
nicht schuldig. Denn vor ihm haben sie keine Ehrfurcht,
und ändern wollen sie sich auch nicht.

Ich preise dich, du bist und gibst . . . .
Sicherheit vor allen Feinden. Du hörst, wenn
. . . . zu dir ruft, dir allein gehört alle Ehre.

Buße

3 Beachte mich doch und erhöre mein Rufen! Meine
Sorgen lassen mir keine Ruhe, stöhnend irre ich umher.

Jesus Christus, wenn . . . . Sorgen hat,
hilf . . . . , zu dir zu beten und dir alles
anzuvertrauen. Du allein kannst . . . .
Sicherheit geben.

Dank

23 Überlass alle deine Sorgen dem HERRN! Er wird dich
wieder aufrichten; niemals lässt er den scheitern,
der treu zu ihm steht.

Danke, dass . . . . durch dich ein Leben
haben kann, das nicht von Sorgen bestimmt ist.

Fürbitte

19 Er rettet mich und gibt mir Sicherheit vor den vielen
Feinden, nichts können sie mir jetzt noch anhaben!

Herr, bitte rette und beschütze . . . . ,
wenn Menschen gegen . . . . sind.
Niemand soll . . . . etwas anhaben können!

PSALM 56

GOTT IST VERLÄSSLICH

Anbetung 4 Doch gerade dann, wenn ich Angst habe, will ich mich dir
anvertrauen. 5 Ich lobe Gott für das, was er versprochen
hat; ihm vertraue ich und fürchte mich nicht. Was kann
ein Mensch mir schon antun?

Ich preise dich und vertraue deinem Wort über .... Leben. Warum sollten wir uns fürchten? Auf dich allein ist Verlass!

Buße 2 Gott, hab Erbarmen mit mir, denn man will mich zur Strecke
bringen! Die Feinde bedrängen mich den ganzen Tag.

Herr, lass .... immer zu dir beten, wenn .... in Gefahr ist. Hilf ...., sich nicht auf Menschen zu verlassen, sondern auf dich allein.

Dank 13 Gott, was ich dir versprochen habe, will ich jetzt einlösen
und dir aus Dank Opfer bringen. 14 Denn du hast mich vor
dem Tod gerettet, vor dem Sturz in die Tiefe hast du mich
bewahrt. Ich darf weiterleben – in deiner Nähe. Du hast
mir das Leben neu geschenkt.

Du willst .... durch Jesus Christus allen himmlischen Segen schenken und .... darf in deiner Gegenwart leben. Danke!

Fürbitte 10 Sobald ich dich um Hilfe bitte, werden meine Feinde klein-
laut den Rückzug antreten. Denn das weiß ich: Du, Gott,
bist auf meiner Seite! 11 Ich lobe Gott für das, was er
versprochen hat, ja, ich lobe die Zusage des HERRN.

Herr, lass .... in deinem Wort forschen und dir von Herzen vertrauen. Jesus Christus, du bist immer an .... Seite und sollst .... Gott sein.

PSALM 57

GOTT, DER VOLLENDER

Anbetung 2 Erbarme dich über mich, o Gott, erbarme dich! Bei dir suche
ich Zuflucht und Schutz. Wie ein Vogel sich unter die Flügel
seiner Mutter flüchtet, so will ich mich bei dir bergen, bis
die Gefahr vorüber ist. 3 Zu Gott, dem Höchsten, schreie
ich, zu ihm, der alles für mich zu einem guten Ende führt.

Du bist der Vollender von .... Leben.
Ich preise dich, du gnädiger und barmherziger Gott.
Du beschützt .... unter deinen Flügeln
und bringst .... zu dir!

Buße 11 Groß ist deine Güte, sie reicht bis an den Himmel! Und
wohin die Wolken auch ziehen: Überall ist deine Treue!

Jesus Christus, erfülle .... immer mehr mit
der Erkenntnis, wie groß deine Treue und Gnade ist.

Dank 4 Vom Himmel her wird er mir seine Hilfe schicken und
mich vor denen retten, die mir nachstellen und mich
so gehässig verleumden. Ja, Gott wird zu mir halten,
er ist treu.

Danke, Heiliger Geist, durch dich kann ....
Herz erfüllt sein mit fröhlicher Hoffnung, Glauben und
Liebe. Du wirst .... immer schützen und
treu zu .... halten.

Fürbitte 9 Alles in mir soll darin einstimmen! Harfe und Laute, wacht
auf! Ich will den neuen Tag mit meinem Lied begrüßen.

Herr, stärke .... Geist in dir, damit ....
jeden Morgen zum Singen und Spielen erwacht.

PSALM 58

GOTT, DER BELOHNER

Anbetung

12 Dann werden die Menschen bekennen: Wer Gott gehorcht, wird doch belohnt; es gibt tatsächlich einen Gott, der auf dieser Erde dem Recht zum Sieg verhilft!

Ich bete dich an, du belohnst .... Vertrauen in dich. Ich preise dich, dass du .... Gehorsam belohnst!

Buße

2 Ihr Mächtigen, trefft ihr wirklich gerechte Entscheidungen? Gilt noch gleiches Recht für alle, wenn ihr eure Urteile fällt?

Jesus Christus, lass .... immer auf dich schauen, du bist .... Gerechtigkeit. Zeig ...., wo er in seinem Urteil über andere ungerecht ist.

Dank

12 Dann werden die Menschen bekennen: Wer Gott gehorcht, wird doch belohnt; es gibt tatsächlich einen Gott, der auf dieser Erde dem Recht zum Sieg verhilft!

Danke – du erfüllst .... mit Freude. Danke, dass du der gerechte Richter bist!

Fürbitte

3 Nein! Schon eure Gedanken sind von Ungerechtigkeit verseucht, mit Willkür und Gewalt versklavt ihr das Land.

Herr, öffne .... Augen, dass .... Ungerechtigkeit, Täuschungen und Lügen im Land erkennt. Hilf ...., sich immer an dich zu wenden und dir zu gehorchen.

PSALM 59

GOTT IST ZUFLUCHT

Anbetung 17 Ich aber singe von deiner Macht. Früh am Morgen
juble ich dir zu, weil du so gnädig bist. Du bietest mir
Schutz wie eine sichere Burg; zu dir kann ich in der
Not fliehen. 18 Ja, dir will ich singen und musizieren,
denn du bist meine Stärke. Bei dir, Gott, weiß ich
mich geborgen. Ja, Gott, wie gut bist du zu mir!

Du bist .... Zuflucht. Dir will ich singen,
du beschützt .... wie eine Burg.
Jeden Morgen will ich mich freuen und dich loben,
weil du .... so gnädig bist!

Buße 10 Du bist meine Stärke, an dich will ich mich klammern.
Du gibst mir Schutz wie eine sichere Burg.

Jesus Christus, lass .... immer mehr erkennen,
dass du .... Schutz gibst wie eine sichere Burg,
und lass .... dir jeden Moment vertrauen.

Dank 11 Du, mein Gott, kommst mir in Liebe entgegen und
lässt mich über meine Feinde triumphieren.

Danke, dass du .... nahe bist. Du machst
.... stark.

Fürbitte 17 Ich aber singe von deiner Macht. Früh am Morgen juble
ich dir zu, weil du so gnädig bist. Du bietest mir Schutz
wie eine sichere Burg; zu dir kann ich in der Not fliehen.

Herr, erfülle .... Herz mit Ehrfurcht vor dir.
Lass .... früh am Morgen jubeln und sich
freuen, dass du .... gnädig bist. Hilf
..........., in der Not immer zu dir zu fliehen.

PSALM 60

GOTT, DER RISSE-VERSCHLIESSER

Anbetung

4 Du hast das Land erschüttert und zerrissen;
heile seine Risse, damit es nicht zerbricht!

Ich preise dich, du bringst Nationen und Leben wieder zusammen. Du allein kannst Zerrissenes verschließen in .... Leben.

Buße

6 All denen aber, die Ehrfurcht vor dir haben, hast du
ein Warnzeichen gegeben. So konnten sie fliehen
und den Pfeilen ihrer Verfolger entkommen.

Jesus Christus, du bietest .... Rettung. Ich vertraue .... dir an, hilf ...., dich immer zu lieben!

Dank

14 Aber mit Gott werden wir große Taten vollbringen;
er wird all unsere Feinde zertreten!

Mit deiner Hilfe wird .... große Taten vollbringen. Danke, dass du dich .... Feinden entgegenstellst!

Fürbitte

13 Rette uns doch vor unseren Feinden! Denn wer sich
auf Menschen verlässt, der ist verlassen!

Herr, hilf ...., sich allein auf dich zu verlassen; du bist der Risse-Verschließer in .... Leben. Heile .... Herz und alle Wunden.

PSALM 61

GOTT UMGIBT MIT SCHUTZ

Anbetung

4 Zu dir kann ich jederzeit fliehen; du bist seit jeher
meine Festung, die kein Feind bezwingen kann. 5 Wo
du wohnst, möchte auch ich für immer bleiben – dort,
in deinem Heiligtum. Bei dir suche ich Zuflucht wie ein
Küken unter den Flügeln seiner Mutter.

Du bist .... Festung, ich preise dich! .... wird immer Zuflucht bei dir finden!

Buße

6 Gott, du kennst die Versprechen, die ich dir gegeben habe. Du beschenkst jeden reich, der deinen Namen achtet und ehrt. Auch mir gibst du meinen Anteil.

Jesus Christus, du bist .... Anteil und Erbe in Ewigkeit. Hilf ...., dich im Herzen heilig und kostbar zu halten.

Dank

4 Zu dir kann ich jederzeit fliehen; du bist seit jeher meine Festung, die kein Feind bezwingen kann.

Danke, dass .... immer Zuflucht bei dir findet. Du bist .... Festung und schützt .... vor Feinden.

Fürbitte

5 Wo du wohnst, möchte auch ich für immer bleiben – dort, in deinem Heiligtum. Bei dir suche ich Zuflucht wie ein Küken unter den Flügeln seiner Mutter.

Herr, hilf ...., im Glauben an Jesus Christus zu leben, damit .... in deiner Nähe ist. Beschütze .... unter deinen Flügeln!

PSALM 62

GOTT IST HOFFNUNG

Anbetung

6 Nur bei Gott komme ich zur Ruhe; er allein gibt mir
Hoffnung. 7 Nur er ist ein schützender Fels und eine
sichere Burg. Er steht mir bei, und niemand kann
mich zu Fall bringen.

Ich preise dich, du Gott der Hoffnung. Du bist ein Haus, eine Burg, ein Fels der Hoffnung, wo .... wohnen kann.

Buße

11 Verlasst euch nicht auf erpresstes Gut, lasst euch nicht
blenden von unrecht erworbenem Reichtum! Wenn euer
Wohlstand wächst, dann hängt euer Herz nicht daran!

Jesus Christus, du sollst immer das Wichtigste in .... Leben sein.

Dank

6 Nur bei Gott komme ich zur Ruhe;
er allein gibt mir Hoffnung.

Danke, dass .... allen Grund hat, bei dir zur Ruhe zu kommen, weil du .... Hoffnung gibst.

Fürbitte

8 Gott rettet mich, er steht für meine Ehre ein. Er schützt
mich wie ein starker Fels, bei ihm bin ich geborgen.
9 Ihr Menschen, vertraut ihm jederzeit und schüttet
euer Herz bei ihm aus! Gott ist unsere Zuflucht.

Herr, hilf ...., das Herz vor dir auszuschütten und dir jederzeit zu vertrauen.

PSALM 63

GOTT IST HERRLICH

Anbetung 3 Ich suche dich in deinem Heiligtum, um deine Macht und
Herrlichkeit zu sehen. 4 Deine Liebe bedeutet mir mehr
als mein Leben! Darum will ich dich loben.

Ich staune über dich und preise deine Macht und Herrlichkeit über .... Leben. Deine Liebe und Gnade sind das Wertvollste für ....

Buße 9 Ich klammere mich an dich, und du hältst mich mit
deiner starken Hand.

Jesus Christus, hilf ...., sich im Herzen an dich zu klammern.

Dank 8 Denn du hast mir immer geholfen; unter deinem Schutz
bin ich geborgen, darum kann ich vor Freude singen.

Danke, dass du .... Gedanken erfüllst mit Freude und Jubel, weil du .... immer beschützt.

Fürbitte 6 Ich juble dir zu und preise dich, ich bin glücklich und
zufrieden wie bei einem festlichen Mahl. 7 Wenn ich
in meinem Bett liege, denke ich über dich nach, die
ganze Nacht sind meine Gedanken bei dir.

Herr, überschütte .... mit deinen wunderbaren Gaben der Hoffnung, des Glaubens und der Liebe. Lass .... immer an dich denken!

PSALM 64

GOTT, DER GEFAHRENABWENDER

Anbetung

2 Gott, ich bin in großer Not, höre auf mein Schreien!
Ich fürchte mich vor meinen Feinden – rette mein
Leben! 3 Eine Bande von Verbrechern hat sich gegen
mich verschworen. Sie planen einen Aufstand –
wende die Gefahr von mir ab!

Ich preise dich, du hörst .... Klagen und wendest alle Gefahren ab, die .... Leben bedrohen.

Buße

2 Gott, ich bin in großer Not, höre auf mein Schreien!
Ich fürchte mich vor meinen Feinden – rette mein Leben!

Jesus Christus, hilf ...., sich immer an dich zu wenden und auf dein Eingreifen zu hoffen.

Dank

10 Da wird jeder von Furcht gepackt und bekennt:
»So handelt Gott! So machtvoll greift er ein!«

Danke, dass .... niemals enttäuscht wird von dir. .... wird deine großen Taten sehen und sie weitererzählen.

Fürbitte

11 Wer aber nach dem Willen des HERRN lebt, wird sich
über ihn freuen und bei ihm sicher sein. Ja, jeder, der
von Herzen aufrichtig ist, darf sich glücklich schätzen!

Herr, erfülle .... Herz mit Gottesfurcht und großer Freude. Lobpreis soll in .... Herzen wohnen. Hilf ...., so zu leben, wie es dir gefällt.

PSALM 65

GOTT, DER BESÄNFTIGER

Anbetung 7 Mit deiner Kraft hast du die Berge gebildet, deine Macht
ist allen sichtbar. 8 Du besänftigst das Brausen der Meere,
die tosenden Wellen lässt du verstummen; ja, auch die
tobenden Völker bringst du zum Schweigen. 9 Alle Bewohner der Erde erschrecken vor deinen Taten, vom Osten
bis zum Westen jubeln die Menschen dir zu.

Herr, deine Sanftheit heilt alle Bitterkeit. Voller Ehrfurcht bete ich dich an, du bist der Grund aller Freude in .... Leben.

Buße 4 Schwere Schuld drückt uns zu Boden; doch trotz unserer Untreue wirst du uns vergeben.

Jesus, du hast alle Sünden von .... auf dich genommen, hilf .... dabei, dich – das größte Geschenk – im Vertrauen anzunehmen.

Dank 3 Du bist es, der Gebete erhört, darum kommen die Menschen zu dir. 5 Glücklich ist jeder, den du erwählt hast und
den du zu deinem Heiligtum kommen lässt! Er darf in den
Vorhöfen des Tempels zu Hause sein. Wir sehnen uns nach
all dem Guten, das du in deinem Haus für uns bereithältst.

Danke, dass du .... Gebete erhörst! Du erwartest .... mit großer Freude in deiner Gegenwart.

Fürbitte 2 Dir gebühren Anbetung und Lob, du Gott, der auf dem Berg Zion wohnt. Was man dir versprochen hat, das löst man dort dankbar für dich ein.

Herr, hilf ...., dich immer zu loben und dir in allem treu zu sein.

PSALM 66

GOTT BEWIRKT NATURWUNDER

Anbetung 2 Singt und musiziert zu seiner Ehre, stimmt ein Loblied
an auf seine Größe und Pracht!

5 Kommt und seht, was Gott getan hat; wie ehrfurcht-
gebietend sind seine Taten unter den Menschen! 6
Er teilte das Meer und ließ sein Volk hindurchziehen,
trockenen Fußes konnten sie das Wasser durchqueren.
Darum freuen wir uns über Gott!

Ich lobe dich und singe dir Liebeslieder! Ich sehe mit eigenen Augen, wie du .... erschaffen hast und in .... und um .... Wunder wirkst!

Buße 7 Ja, er hat alle Macht und regiert für immer und ewig.
Er schaut auf die Völker – ihm entgeht nichts.
Wer kann schon gegen ihn bestehen?

Jesus Christus, du herrschst für immer. Hilf ...., dir immer zu vertrauen – du allein hast die Macht.

Dank 20 Gelobt sei Gott, denn er hat meine Bitten nicht verachtet
und mir seine Liebe nicht entzogen.

Danke! Du verachtest .... Bitten nicht und deine Gnade ist jeden Tag neu für ....!

Fürbitte 17 Als ich zu ihm um Hilfe schrie, wusste ich: Gott wird mir
helfen! Deshalb begann ich, ihn zu preisen. 18 Hätte ich
Böses im Sinn gehabt, dann hätte der HERR mich nicht
erhört.

Abba, Vater, hilf ...., dich immer anzurufen und dich zu loben. Bewahre .... Herz, dass keine schlechten Gedanken darin wohnen.

PSALM 67

GOTT IST SEGEN

Anbetung

6 Die Völker sollen dir danken, Gott! Ja, alle Völker
sollen dich preisen! 7 Das Land brachte eine gute
Ernte hervor, unser Gott hat uns reich beschenkt.
8 Er segne uns auch weiterhin! Alle Völker der Erde
sollen ihn achten und ehren!

Ich preise dich, du Gott allen Segens! Du bist überreich an Segen und verschenkst dich und dein Heil an . . . .

Buße

2 Gott, sei uns gnädig und segne uns!
Blicke uns freundlich an!

Jesus Christus, du bist der Segen in Person!
Lass dein Angesicht leuchten über . . . .
und sei . . . . gnädig!

Dank

5 Alle Menschen sollen sich freuen und jubeln, denn du
bist ein gerechter Richter, du regierst die ganze Welt.

Du bist niemals ungerecht zu . . . .
und du vergisst . . . . nie. Danke!

Fürbitte

8 Er segne uns auch weiterhin! Alle Völker der Erde
sollen ihn achten und ehren!

Herr, segne . . . . , und lass den Segen
sichtbar werden für . . . . und andere,
damit sie dich ehren.

PSALM 68

GOTT GIBT HEIMAT

Anbetung 5 Musiziert zu Gottes Ehre, besingt seinen Namen! Ebnet
den Weg für den, der auf den Wolken reitet: »HERR« ist
sein Name. Jubelt ihm zu! 6 Ein Anwalt der Witwen und
ein Vater der Waisen ist Gott in seiner heiligen Wohnung.

Deine Gegenwart ist eine heilige Wohnung für die Waisen und Witwen. Du bist auch .... Vater, ... kann immer bei dir sein! Ich preise dich, Adonai, Vater!

Buße 7 Den Einsamen gibt er ein Zuhause, den Gefangenen
schenkt er Freiheit und Glück. Wer jedoch gegen jede
Ordnung verstößt, der führt ein trostloses Leben.

Jesus Christus, schenke .... ein Herz, das dir treu ergeben ist. Lass jede Auflehnung gegen dich keinen Bestand haben in .... Leben.

Dank 20 Gepriesen sei der HERR für seine Hilfe! Tag für Tag
trägt er unsere Lasten. 21 Er ist ein Gott, der eingreift,
wenn wir in Not sind; ja, unser HERR kann sogar vom
Tod erretten.

Danke, dass du .... Lasten täglich trägst! Du bist allmächtig und befreist und rettest .... vom Tod.

Fürbitte 6 Ein Anwalt der Witwen und ein Vater der Waisen ist
Gott in seiner heiligen Wohnung.

Herr, schenke .... deine Liebe für Waisen und Witwen. Erfülle .... mit deiner Kraft und Gegenwart, um ein Segen zu sein.

PSALM 69

GOTT IST ALLMÄCHTIG

Anbetung 7a Du bist der HERR, der allmächtige Gott Israels: Enttäusche nicht die Menschen, die auf dich hoffen!

34 Denn der HERR hört das Rufen der Armen und Hilflosen. Die Menschen, die um seinetwillen ins Gefängnis geworfen
werden, überlässt er nicht ihrem Schicksal. 35 Himmel und
Erde sollen ihn loben, die Meere und alles, was darin lebt!

Herr, du Allmächtiger, ich preise dich über .... Leben, du hörst .... Schreie und lässt .... und andere nicht zugrunde gehen. Himmel, Erde und alles, was darin lebt, sollen dich loben!

Buße 6 Menschen können mir nichts vorwerfen, in deinen Augen jedoch bin ich nicht ohne Schuld; du weißt besser als ich, wie dumm ich war.

Jesus Christus, schenke .... ein bußfertiges und demütiges Herz. Hilf ...., dir ihre Sünden offen und ehrlich zu bekennen. Du machst .... frei!

Dank 14 Ich aber bete zu dir, HERR! Jetzt ist die Zeit gekommen, in der du mir gnädig sein wirst! Erhöre mich, Gott, denn deine Güte ist groß und auf deine Hilfe ist immer Verlass.

Danke, dass .... sich immer auf dich verlassen kann, du, Jesus Christus, bist .... Hoffnung und Gnade in Ewigkeit.

Fürbitte 18 Verbirg dich nicht länger vor mir, ich bin doch dein Diener! Ich weiß keinen Ausweg mehr, darum erhöre mich bald.

Herr, bitte verbirg dich niemals vor ...., erhöre .... Gebete, wenn .... große Angst hat. Antworte ....!

PSALM 70

GOTT IST GROSS

Anbetung 5 Aber alle, die nach dir fragen, sollen vor Freude jubeln! Wer dich als Retter kennt und liebt, soll immer wieder rufen: »Gott ist groß!«

Jeden Tag will ich deine Größe und Stärke aussprechen und über .... Leben bekennen. Du kannst alles, und .... ist bei dir in den stärksten Händen.

Buße 2 Gott, ich bitte dich: Rette mich, komm mir schnell zu Hilfe!

Heiliger Geist, sei du .... allezeit nahe und erinnere .... immer daran, sofort zu dir zu beten, wenn .... in Not ist.

Dank 5 Aber alle, die nach dir fragen, sollen vor Freude jubeln! Wer dich als Retter kennt und liebt, soll immer wieder rufen: »Gott ist groß!«

Danke, dass .... mit großer Freude erfüllt ist, weil du groß bist und .... hilfst. Danke, dass .... deine Größe jeden Tag rühmen kann.

Fürbitte 6 Ich bin hilflos und ganz auf dich angewiesen; Gott, sorge für mich, denn du bist mein Helfer und Befreier! Komm rasch zu mir! HERR, zögere nicht länger!

Herr, ... ist arm und hilflos, bitte komm .... schnell zu Hilfe! Zögere bitte keinen Moment, um .... zu retten!

PSALM 71

GOTT, DER LEHRER FÜR KINDER

Anbetung 5 Du bist meine Hoffnung, HERR, dir vertraue ich von
Kindheit an! 6 Ja, seit meiner Geburt bist du mein Halt.
Vom ersten Tag an hast du für mich gesorgt. Darum
will ich dich loben mein Leben lang.

17 Von Jugend auf bist du mein Lehrer gewesen, und bis heute erzähle ich von deinen Wundertaten.

Du bist .... Lehrer und Hoffnung. Schon vor der Geburt hast du .... gehalten und für .... gesorgt! Was für ein mächtiger Gott bist du!

Buße 14 Nie werde ich aufhören, auf dich zu hoffen – immer mehr will ich dich loben.

Jesus Christus, erfülle du .... Herz mit dem unaufhörlichen Glauben, auf dich allein zu hoffen und dich immer zu loben.

Dank 7 Viele, die meine Not sahen, mussten denken: Gott hat ihn
verworfen! Aber du hast dich als machtvoller Beschützer
erwiesen. 8 [Ich will] dich vor anderen loben [und] rühmen.

Danke, dass du .... Zuflucht und Stärke bist. .... wird vielen von deiner Herrlichkeit erzählen und ein Beispiel dafür sein, dass du ein machtvoller Beschützer bist!

Fürbitte 18 Lass mich auch jetzt nicht im Stich, o Gott, jetzt, wo ich alt und grau geworden bin! Ich möchte meinen Kindern und Enkeln noch erzählen, wie groß und mächtig du bist!

Herr, bitte verlass .... niemals, wenn .... alt und grau ist. Hilf ...., den Generationen nach .... von dir zu erzählen.

PSALM 72

GOTT, DER WUNDERVOLLBRINGER

Anbetung 18 Gelobt sei Gott, der HERR, der Gott Israels! Er vollbringt
Wunder, er allein! 19 Lobt seinen erhabenen Namen
für alle Zeit! Seine Herrlichkeit erfülle die ganze Welt!
Amen, so soll es sein!

Gelobt seist du, Gott, der Wundervollbringer in .... Leben. .... ganzes Leben soll für immer erfüllt sein von deiner Herrlichkeit.

Buße 4 Der König wird für die Unterdrückten eintreten und sich zum Anwalt der Armen machen; die Unterdrücker aber wird er zerschmettern.

Herr, hilf ...., ein Herz für Unterdrückte und Arme zu haben und gegen Ausbeutung zu kämpfen.

Dank 18 Gelobt sei Gott, der HERR, der Gott Israels! Er vollbringt Wunder, er allein!

Danke, dass du herrliche Taten in .... Dasein bewirkst!

Fürbitte 1 Gott, lass den König an deiner Stelle Recht sprechen! Gib ihm deinen Sinn für Gerechtigkeit ins Herz!

Jesus Christus, durch den Glauben an dich wird .... gerecht; hilf ...., in Gerechtigkeit zu leben.

PSALM 73

GOTT IMMANUEL

Anbetung 25 HERR, wenn ich nur dich habe, bedeuten Himmel und Erde
mir nichts. 26 Selbst wenn meine Kräfte schwinden und ich
umkomme, so bist du, Gott, doch allezeit meine Stärke –
ja, du bist alles, was ich brauche!

Immer und ewig gehört .... zu dir! Durch dich, Jesus Christus, Immanuel, kann .... immer in deiner Nähe sein, du bist »Gott mit uns«.

Buße 2 Ich aber wäre beinahe gestrauchelt; es fehlte nicht viel,
und ich wäre zu Fall gekommen. 3 Denn ich beneidete die
überheblichen Menschen: Ihnen geht es so gut, obwohl
Gott ihnen gleichgültig ist.

Heiliger Geist, beschütze .... Herz und .... Augen, dass .... niemals stolze, gottlose Menschen beneidet und zu Fall kommt.

Dank 28 Ich aber darf dir immer nahe sein, das ist mein ganzes
Glück! Dir vertraue ich, HERR, mein Gott; von deinen
großen Taten will ich allen erzählen.

Danke, dass .... durch Jesus ganz nahe bei dir ist! Zuversicht und Freude erfüllt ...., und .... erzählt von deinen Werken.

Fürbitte 23 Jetzt aber bleibe ich immer bei dir, und du hältst mich bei
der Hand. 24 Du führst mich nach deinem Plan und nimmst
mich am Ende in Ehren auf.

Herr, graviere diese Wahrheit in .... Herz: .... gehört immer zu dir. Gott, Immanuel, halte .... bei der Hand. Führe .... nach deinem Plan, ziehe .... nahe an dein Herz.

PSALM 74

DER VERBORGENE GOTT

Anbetung

11 Warum hältst du dich zurück? Warum greifst du nicht
ein? Zeige deine Macht und vernichte sie! 12 Gott, seit
uralter Zeit bist du unser König, schon oft hast du unser
Land gerettet.

Ich preise dich, du Gott der Verborgenheit, du bist seit uralter Zeit König und hast auch .... Leben erschaffen. Du bist .... König, und ich lobe dich darüber!

Buße

16 Dir gehört der Tag und auch die Nacht, du hast die Sonne und den Mond geschaffen.

Jesus Christus, lass .... jeden Tag und jede Nacht erkennen, dass du alles erschaffen hast und dass du auch in der Nacht zu erkennen bist.

Dank

12 Gott, seit uralter Zeit bist du unser König, schon oft hast du unser Land gerettet.

Danke, du bist .... König, du hast .... erschaffen und bist .... Gott für immer und ewig!

Fürbitte

21 HERR, wir werden schwer bedrängt, lass uns nicht in Schimpf und Schande enden! Ohne dich sind wir arm und wehrlos – rette uns, damit wir dich loben können!

Herr, wenn .... arm und unterdrückt ist, lass nicht zu, dass .... enttäuscht wird. Im Gegenteil: Gib .... Grund, dich zu loben und zu preisen.

PSALM 75

GOTT, DER FUNDAMENTLEGER

Anbetung 3 Gott spricht: »Wenn meine Zeit gekommen ist, werde
ich Gericht halten und für Gerechtigkeit sorgen! 4 Mag
auch die Erde beben, und mögen ihre Bewohner vor
Angst zittern – ich selbst habe die Fundamente der
Erde unverrückbar festgelegt.«

Jesus Christus, du bist das Fundament und der Halt in .... Leben! Du bist der Fundamentleger der Erde, ich lobe dich allein!

Buße 6 Ja, hört auf zu prahlen und lasst ab von eurem Stolz! Tragt eure Nase nicht so hoch!

Heiliger Geist, beschütze ...., dass .... sich nicht gegen dich auflehnt und die Nase hoch trägt.

Dank 2 Wir danken dir, o Gott – ja, dir allein gilt unser Dank! Denn du bist uns nahe! Von deinen Wundern erzählen wir.

Jesus Christus, du bist .... so nahe, voller Freude kann .... anderen von dir weitererzählen, danke!

Fürbitte 10 Ich aber will immer von Gott erzählen, für ihn, den Gott Jakobs, will ich musizieren.

Herr, schenke du .... Kreativität, dich mit Herz, Mund, Füßen und Händen zu loben und anderen von deinen Werken weiterzuerzählen.

PSALM 76

GOTT, DER STOLZ-BRECHER

Anbetung 8 Furchterregend bist du, o Gott! Wer kann vor dir bestehen,
wenn dein Zorn losbricht? 9 Alle Welt erstarrte vor Schreck
und wurde stumm, als dein Richterspruch vom Himmel
ertönte.

13 Er bricht den Stolz der hochmütigen Herrscher,
die Mächtigen dieser Welt müssen ihn fürchten!

Gott, du brichst den Stolz und urteilst über die ganze Welt, ich preise dich, dass du so stark und mächtig wirkst, auch in .... ! Du bist stärker als alle Ambitionen und aller Stolz in .... Herzen.

Buße 12 Gebt dem HERRN, eurem Gott, Versprechen und haltet
sie! Ihr Völker rings um Israel – bringt ihm eure Gaben,
denn groß und gewaltig ist er!

Jesus Christus, deine Liebe soll .... Herz erobern, und deshalb soll .... dir .... Herz schenken und dir immer gehorchen.

Dank 2 Gott ist in Juda jedem bekannt, in ganz Israel wird
sein Name geehrt.

Danke, dass .... dich, Jesus Christus und Abba Vater, kennen und lieben lernen darf.

Fürbitte 12 Gebt dem HERRN, eurem Gott, Versprechen und haltet
sie! Ihr Völker rings um Israel – bringt ihm eure Gaben,
denn groß und gewaltig ist er!

Herr, ich bete, dass .... von deiner Größe überwältigt ist. Hilf ...., alles, was .... dir versprochen hat, zu halten und mit dir zu leben.

PSALM 77

GOTT, DER WEGBEREITER

Anbetung 14 O Gott, heilig ist alles, was du tust. Kein anderer Gott ist so mächtig wie du!

16 Mit starker Hand hast du dein Volk aus der Gefangenschaft in Ägypten befreit, die Nachkommen von Jakob und Josef.

20 Du bahntest dir einen Weg mitten durch das Meer. Dein Pfad führte durch mächtige Fluten, doch deine Spuren konnte niemand erkennen.

Du bist der Wegbereiter in .... Leben, ich preise dich. Deine Wege sind heilig, und durch deine Stärke und Macht leitest du ....

Buße 9 Ist seine Gnade für immer zu Ende? Gelten seine Zusagen nicht mehr?

Jesus Christus, wenn .... an deiner Gnade zweifelt, erinnere .... an den ewigen Bund mit dir. Du bist immer für .... und leitest ....!

Dank 14 O Gott, heilig ist alles, was du tust. Kein anderer Gott ist so mächtig wie du!

Danke, du bist der Heilige und der Wegbereiter für .... Du hilfst .... , all das zu tun, was du möchtest!

Fürbitte 3 Ich habe große Angst und sehe keinen Ausweg mehr. Unaufhörlich bete ich zu Gott – sogar in der Nacht strecke ich meine Hände nach ihm aus. Ich bin untröstlich.

Herr, wenn .... große Angst hat, ziehe .... zu dir! Greife ein, wenn .... zu dir ruft, und tröste ....

PSALM 78

GOTT DER GENERATIONEN

Anbetung 4 Jede Generation soll von Gottes mächtigen Taten hören, von allen Wundern, die der HERR vollbracht hat.

6 So soll jede Generation seine Weisungen kennen lernen – alle Kinder, die noch geboren werden. Auch diese sollen sie ihren Nachkommen einprägen.

Ich preise dich, du Gott der Generationen. Deine Wunder und großen Taten erfüllen auch .... Leben und das von .... Nachkommen; sie werden dich bis in Ewigkeit loben und ehren!

Buße 22 Denn sie glaubten ihm nicht und rechneten nicht mit seiner Hilfe.

Jesus Christus, reinige .... Herz von allem Unglauben und Zweifel an deiner Hilfe!

Dank 37 Ihr Vertrauen auf Gott war schwach und unbeständig; sie standen nicht treu zu dem Bund, den er mit ihnen geschlossen hatte. 38a Trotzdem blieb er barmherzig, vergab ihre Schuld und vernichtete sie nicht.

Danke, dass du treu bist, auch wenn .... untreu ist. Du bist gnädig und barmherzig und vergibst .... Schuld.

Fürbitte 7 Sie alle sollen auf Gott ihr Vertrauen setzen und seine Machttaten nicht vergessen. Was er befohlen hat, sollen sie tun 8a und nicht so handeln wie ihre Vorfahren, die sich gegen Gott auflehnten und sich ihm widersetzten.

Herr, hilf ...., alle Hoffnung auf dich zu setzen. Lass .... nie vergessen, was du für Wunder tatst.

PSALM 79

GOTT IST GRENZENLOS

Anbetung

8 Strafe uns doch nicht für die Sünden unserer Vorfahren! Zögere nicht, erbarme dich über uns, denn wir sind am Ende unserer Kraft!

13 Wir aber sind dein Volk, wir gehören zu dir wie Schafe zu ihrem Hirten. Allezeit wollen wir dich loben und jeder neuen Generation erzählen, wie groß du bist!

. . . . ist dein geliebtes Kind! Ich preise deine grenzenlose Liebe, dein Erbarmen und deine Größe, die du für . . . . , für . . . . Vorfahren und für alle kommenden Generationen bereithältst.

Buße

9 Hilf uns, Gott, unser Retter, damit dein Name gerühmt wird! Steh uns bei und vergib uns unsere Schuld – es geht doch um deine Ehre!

Jesus Christus, du rettest . . . . aus aller Sünde. Erfülle . . . . Herz mit tiefem Vertrauen in dich.

Dank

13 Wir aber sind dein Volk, wir gehören zu dir wie Schafe zu ihrem Hirten. Allezeit wollen wir dich loben und jeder neuen Generation erzählen, wie groß du bist!

Danke, dass . . . . dein Schäflein ist. Danke, dass . . . . Leben die nächste Generation zum Loben inspiriert!

Fürbitte

11 Lass das Stöhnen der Gefangenen zu dir dringen! Du hast grenzenlose Macht; darum rette die, denen man das Leben nehmen will!

Herr, lass . . . . in Fürbitte einstehen für Arme, Gefangene und Unterdrückte. Antworte . . . . und zeige . . . . deine grenzenlose Macht.

PSALM 80

GOTT, DER PFLANZER

Anbetung

15 Allmächtiger Gott, wende dich uns wieder zu! Schau vom
Himmel herab und rette dein Volk! Kümmere dich um
diesen Weinstock, 16 den du selbst gepflanzt hast; sorge
für den jungen Spross, den du hast aufwachsen lassen!

Allmächtiger Gott, du bist der Pflanzer des Weinstocks Israel, ich preise dich! Durch Jesus Christus ist .... eingepflanzt in deinen Weinstock, und du ziehst .... auf!

Buße

20 Du allmächtiger HERR und Gott – richte uns, dein Volk, wieder auf! Blicke uns freundlich an, dann sind wir gerettet!

Jesus Christus, erfülle .... Herz mit der Sehnsucht, dich immer wieder zu suchen und auf deine Gnade zu vertrauen!

Dank

18 Beschütze den König, den du erwählt hast, den Mann, der durch dich erst stark wurde!

Danke, dass .... durch deinen Sohn, Jesus Christus, dein erwähltes Kind sein kann. Du wirst .... immer beschützen!

Fürbitte

4 O Gott, richte uns, dein Volk, wieder auf! Blicke uns freundlich an, dann sind wir gerettet!

Herr, lass .... gedeihen und zu einer wunderschönen Pflanzung heranwachsen. Blicke du .... immer wieder gnädig an, damit .... gerettet ist!

PSALM 81

GOTT ENTLASTET

Anbetung

8 Als du in der Not zu mir schriest, rettete ich dich. Ich antwortete dir aus der Gewitterwolke, in der ich mich verborgen hielt. In Meriba prüfte ich dein Vertrauen zu mir, als es dort in der Wüste kein Wasser mehr gab.

Ich preise dich, du Gott der Verborgenheit! Du antwortest .... und siehst alles! Ich preise dich! Selbst in .... Not hast du nur das Beste im Sinn!

Buße

9 Höre, mein Volk; lass dich warnen, Israel! Wenn du doch auf mich hören würdest!

Heiliger Geist, öffne du .... Herzenzsohren, dass .... deine Stimme hören kann und danach handelt.

Dank

11 Denn ich bin der HERR, dein Gott, ich habe dich aus Ägypten herausgebracht. Mache deinen Mund weit auf, und ich will ihn füllen!

Danke, dass .... nur den Mund aufmachen muss, und du füllst ihn mit guten Dingen!

Fürbitte

6b Da! Ich höre eine Stimme, die mir bisher unbekannt
war: 7 »Ich habe deine Schultern von der Last befreit,
den schweren Tragekorb habe ich dir abgenommen.«

Jesus Christus, schenke .... Ohren, die deine Stimme erkennen und hören, was du sagst! Hilf ...., dein Angebot anzunehmen: Du willst .... entlasten.

PSALM 82

GOTT, DER GERECHTE RICHTER

Anbetung 1b Gott steht auf inmitten der Götter, in ihrer Versammlung
erhebt er Anklage: 2 »Wie lange noch wollt ihr das Recht
verdrehen, wenn ihr eure Urteile sprecht? Wie lange
noch wollt ihr Partei ergreifen für Menschen, die sich
mir widersetzen?«

8 Erhebe dich, Gott, und richte die Welt, denn dir gehören alle Völker!

Du bist der Richter des ganzen Universums. Du bist niemals ungerecht, alle Völker gehören dir, und auch .... ist dein Eigentum.

Buße 5 Aber sie handeln ohne Sinn und Verstand; sie irren im Dunkeln umher und sehen nicht, dass durch ihre Bosheit die Welt ins Wanken gerät.

Jesus Christus, du bist das Licht, und keine Finsternis ist in dir! Erhelle du .... Herz, dass .... zutiefst mit dir verbunden ist und die Wahrheit versteht.

Dank 3 Verhelft den Wehrlosen und Waisen zu ihrem Recht! Behandelt die Armen und Bedürftigen, wie es ihnen zusteht!

Danke, dass .... den Armen und Waisen helfen kann, weil du, der gerechte Richter, ... darin unterstützt!

Fürbitte 4 Reißt sie aus den Klauen ihrer Unterdrücker!

Herr, hilf ...., arme und hilflose Menschen aus den Klauen schlechter Menschen zu retten! Hilf ...., Außerordentliches zu erreichen, weil du an .... Seite kämpfst!

PSALM 83

GOTT IST DIE HERRLICHKEIT UND HERRSCHT

Anbetung

18 Sie sollen scheitern und für immer verstummen, ja, lass
sie in ihrer Schande umkommen! 19 Denn sie müssen
erkennen, dass du allein der HERR bist, der Herrscher
über die ganze Welt!

Du bist herrlich und regierst als Herr und Herrscher über die ganze Erde. Du bist .... Herr und deine Herrlichkeit erfüllt .... Leben, ich preise dich!

Buße

2 Gott, schweige nicht! Sieh nicht so still und untätig zu!

Jesus Christus, du bist .... Herr, und durch das Kreuz hast du alle Feinde besiegt. Hilf ...., den Feind mutig zu überwinden.

Dank

10 HERR, schlage sie in die Flucht wie damals die Midianiter! Besiege sie wie den Kanaaniterkönig Jabin mit seinem Heerführer Sisera am Fluss Kischon!

Du herrschst in Herrlichkeit! Damals hast du deine Feinde besiegt, und auch heute kämpfst du für ...., kein Feind kann dich je besiegen, danke!

Fürbitte

2 Gott, schweige nicht! Sieh nicht so still und untätig zu!

14 Mein Gott! Wirble sie davon wie ausgedörrte Disteln, wie Spreu, die der Wind verweht!

Herr, wenn .... angegriffen wird, bleibe nicht still und untätig, greif ein und hilf ....! Blase die Angreifer fort wie Staub und verwehe sie wie Spreu!

PSALM 84

GOTT IST UNSERE SONNE

Anbetung 12 Denn Gott, der HERR, ist die Sonne, die uns Licht und Leben
gibt, schützend steht er vor uns wie ein Schild. [...] Wer ihm
rückhaltlos ergeben ist, den lässt er nie zu kurz kommen. 13
HERR, du allmächtiger Gott, glücklich ist jeder, der sich auf
dich verlässt!

Herr, du bist Sonne und Schutz für ....
Du bist und gibst das Beste. Dir zu vertrauen ist
wahres Glück, ich lobe dich allein!

Buße 11 HERR, ich [...] möchte lieber an der Schwelle deines Hauses
stehen, als bei den Menschen wohnen, die dich missachten!

Heiliger Geist, erfülle du .... Herz mit großer Sehnsucht, lieber an der Schwelle des Vaterhauses zu stehen, als bei Menschen zu wohnen, die Gott missachten.

Dank 5 Glücklich sind alle, die in deinem Haus wohnen dürfen!
Jederzeit können sie dich loben! 6a Glücklich sind alle,
die ihre Stärke in dir suchen.

Jesus Christus, danke, dass .... Glück keine Grenzen kennt. Du bist .... Wohnung, ... kann dich immer loben und findet Stärke in dir.

Fürbitte 7 Wenn sie durch ein dürres Tal gehen, brechen dort Quellen
hervor, und der Herbstregen bewässert das trockene Land.
8 So wandern sie mit stets neuer Kraft, bis sie vor Gott auf
dem Berg Zion stehen.

Herr, wenn .... traurig ist, lass das dürre Tal zu einem Ort erfrischender Quellen des Segens werden. Schenke .... neue Kraft, um dir nahe zu sein!

PSALM 85

GOTT VERGIBT SCHULD

Anbetung

2 HERR, du bist deinem Land gnädig gewesen, du hast
Israels Geschick wieder zum Guten gewendet.

3 Die Schuld deines Volkes hast du vergeben und
alle seine Sünden zugedeckt.

Du bist der lebendige und gnädige Gott, du freust dich über .... und vergibst .... alle Schuld. Ich preise dich!

Buße

14 Gerechtigkeit wird dem HERRN vorausgehen,
ja, sie wird ihm den Weg bahnen.

Jesus Christus, geh du .... voran und erfülle .... Herz mit deiner Gerechtigkeit.

Dank

10 Ganz sicher wird er allen helfen, die ihm mit Ehrfurcht
begegnen, seine Herrlichkeit wird wieder in unserem
Land wohnen.

Jesus Christus, danke, dass .... durch dich ein heiliges, herrliches Leben hat. Viele werden dadurch berührt!

Fürbitte

9 Ich will hören, was Gott, der HERR, zu sagen hat:
Er verkündet Frieden seinem Volk – denen, die ihm
die Treue halten; doch sollen sie nicht in ihre alte
Unvernunft zurückfallen.

Herr, schenke .... ein aufmerksames Herz, das hört, wenn du sprichst! Beschütze .... vor Unvernunft!

PSALM 86

GOTT IST GUT

Anbetung 5 Du, HERR, bist gut und zum Vergeben bereit, unermesslich ist deine Gnade für alle, die zu dir beten.

8 Kein anderer Gott ist wie du, HERR; niemand kann tun, was du tust!

10 Denn du bist groß und vollbringst Wunder, nur du bist Gott, du allein!

Niemand kann tun, was du tust, ... wird dich loben und anbeten, weil du so gut zu .... bist! Du allein bist .... Gott.

Buße 15 Aber du bist ein gnädiger und barmherziger Gott. Deine Geduld ist groß, deine Liebe und Treue kennen kein Ende.

Jesus Christus, deine Güte, Gnade, Geduld und Treue sollen .... Herz täglich erneuern und reinigen. Sei .... gnädig!

Dank 12 Von ganzem Herzen will ich dir danken, HERR, mein Gott;
für alle Zeiten will ich deinen Namen preisen. 13 Denn
deine Liebe zu mir ist unfassbar groß! Du hast mich dem
sicheren Tod entrissen.

Danke, dass du .... unendlich liebst und vor dem sicheren Tod rettest. Danke, dass .... deinen Namen ehren und dir danken kann!

Fürbitte 17 HERR, gib mir ein sichtbares Zeichen deiner Güte! Dann werden alle, die mich hassen, sich schämen, weil du mir geholfen und mich getröstet hast!

Herr, schenke .... Zeichen deiner Güte. Andere Menschen sollen erkennen, dass du .... liebst und immer an .... Seite bist.

PSALM 87

GOTT, DER ARCHITEKT

Anbetung

1b Hoch auf dem heiligen Berg hat Gott die Stadt Zion er-
richtet. 2 Er liebt Jerusalem mit seinen herrlichen Toren
mehr als alle anderen Orte, in denen die Nachkommen
von Jakob wohnen. 3 Du bist weltberühmt, du Stadt
Gottes!

Du bist der beste Architekt! Du erbautest Jerusalem und lenkst Jahrtausende Geschichte. Ich preise dich über Jerusalem und über .... Lebenshaus.

Buße

2 Er liebt Jerusalem mit seinen herrlichen Toren mehr als alle anderen Orte, in denen die Nachkommen von Jakob wohnen.

Herr, lass .... nie vergessen,
wie sehr du Jerusalem und dein Volk liebst!

Dank

7 Sie alle werden tanzen und fröhlich singen:
»Was wir haben, verdanken wir dieser Stadt!«

Danke für alle Quellen deiner Herrlichkeit, die du in Jerusalem den Menschen offenbart hast!
Danke,dass .... davon trinken darf.
Voller Freude wird .... tanzen und singen.

Fürbitte

5 Aber von Jerusalem selbst heißt es:»Alle seine Einwohner haben hier ihr Bürgerrecht!« Ja, er, der Höchste, lässt Zion fest bestehen!

Herr, hilf ...., die Bedeutung von Jerusalem heute zu erkennen und dadurch beschützt und geborgen zu sein.

PSALM 88

GOTT, DER ALLEINIGE RETTER

Anbetung 2 HERR, mein Gott, du allein kannst mir noch helfen!
Tag und Nacht schreie ich zu dir!

Ich preise dich, du bist der alleinige Helfer in aller Not und Verzweiflung. .... kann dich Tag und Nacht anrufen, ich lobe dich!

Buße 15 Warum hast du mich verstoßen, HERR?
Warum verbirgst du dich vor mir?

Jesus Christus, lass niemals zu, dass .... sich von dir abwendet, schenk .... den Willen und Glauben, dich immer anzurufen, auch in größter Not!

Dank 2 HERR, mein Gott, du allein kannst mir noch helfen!
Tag und Nacht schreie ich zu dir! 3 Lass mein Gebet
zu dir dringen, verschließ deine Ohren nicht vor
meinem Flehen!

Danke, dass du .... hörst, wenn .... zu dir schreit. Danke, dass du .... immer retten wirst!

Fürbitte 15 Warum hast du mich verstoßen, HERR?
Warum verbirgst du dich vor mir?

Herr, wende dich niemals von .... ab! Zeige .... durch deine souveräne Hilfe, dass du der alleinige Helfer bist in großer Not!

PSALM 89

GOTT, DER SALBENDE

Anbetung

3 Ich weiß: Deine Gnade gilt für alle Zeiten und deine
Treue, solange der Himmel besteht.

Ich preise dich über .... Leben!
Deine Gnade begleitet .... und deine
Treue gegenüber .... hört nie auf!

Buße

34 Aber meine Gnade will ich David nie entziehen, meine
Zusagen werde ich halten. 35 Meinen Bund mit ihm
werde ich niemals brechen, was ich versprochen habe,
nehme ich nicht zurück!

Heiliger Geist, erinnere .... immer daran,
dass .... geliebt, gesalbt und ausgesandt ist.
Bewahre und stärke .... Glauben an deine
Verheißungen.

Dank

21 David ist sein Name, ihn habe ich gefunden und mit
heiligem Öl zum König gesalbt. 22 Ich werde ihn mit
meiner Kraft begleiten, stark soll er werden, weil ich
ihn stütze.

Du allein hast .... den Lebensatem eingehaucht! Danke, dass deine heilige Salbung auch auf .... Leben ist. Du sorgst für .... und machst .... stark.

Fürbitte

27 Im Gebet wird er zu mir sagen: »Du bist mein Vater,
mein Gott und mein Fels, bei dem ich Rettung finde!«

Herr, öffne .... die Herzensaugen, dass .... dich als Vater und Gott erkennt.

PSALM 90

GOTT, OHNE ANFANG UND ENDE

Anbetung

1b HERR, solange es Menschen gibt, bist du unsere Zuflucht! 2 Ja, bevor die Berge geboren wurden, noch
bevor Erde und Weltall unter Wehen entstanden, warst
du, o Gott, schon da. Du bist ohne Anfang und Ende.

Ich preise dich! Du bist ohne Anfang und Ende, du warst immer da und wirst immer sein! Du hast auch .... erschaffen, ... lebt, weil du .... Gott bist.

Buße

8 Unsere Schuld liegt offen vor dir, auch unsere geheimsten Verfehlungen bringst du ans Licht.

Jesus Christus, du hast für alle Sünden in .... Leben bezahlt. Decke auf und decke zu, ... Herz soll rein und heilig sein!

Dank

1b HERR, solange es Menschen gibt,
bist du unsere Zuflucht!

Danke, dass du Gott aller Generationen bist, ... steht unter deinem Schutz!

Fürbitte

12 Mach uns bewusst, wie kurz das Leben ist,
damit wir unsere Tage weise nutzen!

14 Schenke uns deine Liebe jeden Morgen neu! Dann
können wir singen und uns freuen, solange wir leben!

Herr, lehre ...., die Zeit gut zu nutzen, damit .... weise wird! Überschütte .... jeden Morgen mit deiner Gnade, damit .... dich lobt und fröhlich leben kann.

PSALM 91

GOTT, DER RUHEPOL

Anbetung

1 Wer unter dem Schutz des Höchsten wohnt, der kann bei
ihm, dem Allmächtigen, Ruhe finden. 2 Auch ich sage
zum HERRN: »Du schenkst mir Zuflucht wie eine sichere
Burg! Mein Gott, dir gehört mein ganzes Vertrauen!«

Du bist Gott, der Höchste und Schutz für alle Menschen. Du bist .... Zuflucht und Burg, ... ist immer beschützt!

Buße

9 Du aber darfst sagen: »Beim HERRN bin ich geborgen!«
Ja, bei Gott, dem Höchsten, hast du Heimat gefun-
den. 10 Darum wird dir nichts Böses zustoßen, kein
Unglück wird dein Haus erreichen.

Jesus Christus, du bist der beste Schutz und Zuflucht vor dem Bösen, lass .... ein Leben lang mit dir verbunden bleiben.

Dank

13 Löwen werden dir nichts anhaben, auf Schlangen
trittst du ohne Gefahr.

Jesus Christus, du hast alles Böse besiegt. Löwen und giftige Schlangen können .... nichts anhaben, weil du in .... lebst!

Fürbitte

14 Gott sagt: »Er liebt mich von ganzem Herzen, darum
will ich ihn retten. Ich werde ihn schützen, weil er
mich kennt und ehrt.«

Herr, erfülle .... Herz mit leidenschaftlicher Liebe zu dir. Hilf ...., dir immer und überall zu vertrauen.

PSALM 92

GOTT DER TIEFEN GEDANKEN

Anbetung

5 HERR, was du tust, macht mich froh, und ich juble
über deine großen Taten. 6 Wie machtvoll sind
deine Werke, und wie tief sind deine Gedanken!

Deine Gedanken sind tief, und wunderbar sind deine Werke in .... Leben, ich preise dich und deine unendliche Größe und Weisheit.

Buße

10 Eines ist sicher: Deine Feinde werden umkommen;
die Menschen, die Unrecht tun, werden in alle Winde
zerstreut!

Herr, beschütze .... davor, dich zu hassen und Unrecht zu tun!

Dank

11 Doch mir gibst du Kraft, wie ein wilder Stier sie hat;
du schenkst mir Freude und neuen Mut.

Jesus Christus, durch dich wird .... gesalbt mit dem Heiligen Geist, danke, dass .... stark und erfüllt sein kann mit großer Kraft.

Fürbitte

15 Noch im hohen Alter wird er Frucht tragen, immer ist er
kraftvoll und frisch. 16 Sein Leben ist ein Beweis dafür,
dass der HERR für Recht sorgt. Bei Gott bin ich sicher
und geborgen; was er tut, ist vollkommen und gerecht!

Herr, ... soll bis ins hohe Alter die Früchte des Heiligen Geistes hervorbringen. Sei du .... Fels und hilf ...., dir und deiner Gerechtigkeit immer zu vertrauen.

PSALM 93

GOTT IST WAHR UND ZUVERLÄSSIG

Anbetung

1 Der HERR ist König! Hoheit bekleidet ihn wie ein Festgewand, mit Macht ist er umgürtet. Er hat die Fundamente der Erde gelegt, niemals gerät sie ins Wanken.

5 Dein Wort, HERR, ist wahr und zuverlässig,
dein Tempel ist für alle Zeiten mit Heiligkeit erfüllt!

Du bist herrlich und umgürtet mit Kraft! Dein Tempel ist erfüllt mit Heiligkeit und deinem Wort. . . . . darf immer darin wohnen!

Buße

4 Doch stärker als das Donnern gewaltiger Wasser, größer als die Wogen des Meeres ist der HERR in der Höhe!

Heiliger Geist, öffne . . . . Sinn und Verstand, dass . . . . erkennt, wie groß und mächtig du bist!

Dank

2 HERR, seit Urzeiten steht dein Thron fest, vor Beginn aller Zeiten warst du schon da.

. . . . ist bei dir in Sicherheit, weil du ewig bist.

Fürbitte

5 Dein Wort, HERR, ist wahr und zuverlässig,
dein Tempel ist für alle Zeiten mit Heiligkeit erfüllt!

Herr, hilf . . . . , täglich aus deinem Wort zu leben und immer in deinem wunderschönen Tempel zu verweilen.

PSALM 94

GOTT DURCHSCHAUT ALLES

Anbetung 9 Gott, der den Menschen Ohren gegeben hat – sollte er
selbst nicht hören? Er gab ihnen Augen – sollte er selbst
nicht sehen? 10 Er, der mit den Völkern ins Gericht geht
– sollte er nicht auch euch bestrafen? Ja, Gott bringt die
Menschen zur Vernunft! 11 Er durchschaut ihre Gedanken und weiß: Sie sind wertlos und führen zu nichts.

Du siehst und hörst alles! Ich preise dich, dass du .... Gedanken kennst und alles über .... weißt!

Buße 7 »Der HERR sieht es ja doch nicht!«, höhnen sie, »der Gott Jakobs merkt nichts davon!«

Heiliger Geist, erfülle du .... Herz mit der Erkenntnis, dass du alles durchschaust, und hilf, dass .... sich nicht vor deinem Wirken verschließt.

Dank 17 HERR, wenn du mir nicht geholfen hättest, dann wäre
ich jetzt tot – für immer verstummt! 18 Sooft ich dachte:
»Jetzt ist alles aus!«, halfst du mir in Liebe wieder auf.

Danke, dass du .... genau kennst und .... trotzdem gnädig bist! Danke, dass du .... immer hilfst, weil du .... liebst.

Fürbitte 22 Der HERR aber schützt mich wie eine sichere Burg, er ist der Fels, bei dem ich Zuflucht finde.

Herr, sei du .... Burg und ein mächtiger Fels. Lass .... einzig bei dir Zuflucht suchen und nirgends sonst.

PSALM 95

GOTT, DER SCHÖPFER

Anbetung

2 Lasst uns dankbar zu ihm kommen und ihn mit fröhlichen
Liedern besingen! 3 Denn der HERR ist ein gewaltiger
Gott, der große König über alle Götter! 4 In seiner Hand
liegt alles – von den Tiefen der Erde bis hin zu den Gipfeln
der höchsten Berge. 5 Ihm gehört das Meer, er hat es ja
gemacht, und seine Hände haben das Festland geformt.

Gott, du bist der Schöpfer des Universums. Dich allein will ich loben und preisen für .... einzigartiges Leben.

Buße

8 »Verschließt eure Herzen nicht, wie es eure Vorfahren
getan haben; damals, als sie mich in der Wüste herausforderten und mir bittere Vorwürfe machten.«

Jesus Christus, niemand sonst kann Herzen erobern. Bewahre du .... Herz und Verstand davor, sich vor deinem Wirken zu verschließen.

Dank

7 Denn er ist unser Gott, und wir sind sein Volk. Er kümmert
sich um uns wie ein Hirte, der seine Herde auf die Weide führt. Hört doch auf das, was er euch heute sagt.

Danke, dass .... dein Schäflein ist.
Du behütest .... immer und sprichst zu ....!

Fürbitte

6 Kommt, wir wollen ihn anbeten und uns vor ihm beugen;
lasst uns niederknien vor dem HERRN, unserem Schöpfer!

Herr, erfülle .... mit Anbetung und Demut, dass .... dich leidenschaftlich anbetet und sich allein vor dir beugt.

PSALM 96

GOTT IST MAJESTÄT UND PRACHT

Anbetung

1 Singt dem HERRN ein neues Lied, singt dem HERRN,
alle Bewohner der Erde!

3 Erzählt den Völkern von seiner Hoheit! Macht allen
Menschen seine Wunder bekannt!

6 Majestät und Pracht gehen von ihm aus, seine
Stärke und Schönheit erfüllen den Tempel.

.... ist dein Wunder, alle Welt soll es erfahren! Du bist schön, stark und herrlich, ich preise deine Majestät und Pracht, mein Gott!

Buße

7 Gebt dem HERRN, was ihm gebührt; ihr Völker,
erkennt seine Ehre und Macht!

Jesus Christus, ... soll sich einzig vor dir verneigen und erkennen, wie stark und herrlich du bist!

Dank

2 Singt dem HERRN und preist seinen Namen!
Verkündet jeden Tag: »Gott ist ein Gott, der rettet!«

Herr, danke, dass .... jeden Tag erfahren wird, dass du .... rettest. Danke, dass .... täglich singen und davon weitererzählen kann.

Fürbitte

10 Sagt den Völkern: »Der HERR ist König!« Er hat die
Fundamente der Erde gelegt, niemals gerät sie ins
Wanken. Allen Völkern wird er ein gerechter Richter sein!

Herr, lege .... kraftvolle und weise Worte in den Mund, damit viele erkennen, dass du der alleinige Gott und König bist!

PSALM 97

GOTT IST WIE FEUER

Anbetung

2 Bedrohliche, dunkle Wolken umhüllen ihn, Gerechtigkeit
und Recht sind die Säulen seiner Herrschaft. 3 Loderndes
Feuer ist sein Vorbote, es verzehrt seine Feinde ringsum-
her. 4 Seine Blitze tauchen die Erde in helles Licht,
die ganze Welt sieht es und erbebt. 5 Berge zerschmelzen
vor ihm wie Wachs, vor ihm, dem HERRN der ganzen Welt.

Du bist wie ein verzehrendes Feuer, gerecht und allmächtig. Ich preise dich über .... Leben, obwohl du so gewaltig bist, liebst du .... mit zärtlicher Liebe!

Buße

10 Liebt ihr den HERRN? Dann verabscheut das Böse! Gott beschützt alle, die ihm die Treue halten, und rettet sie aus der Gewalt der Gottlosen.

Heiliger Geist, schütte deine Liebe in .... Herz aus, dass .... dich allein liebt und alles Böse hasst.

Dank

12 Ja, freut euch über den HERRN und preist ihn! Denkt daran, was der heilige Gott getan hat!

Danke, Jesus Christus, du bist das Feuer der Leidenschaft, der Freude und der Anbetung in .... Herz.

Fürbitte

11 Wer Gott gehorcht, in dessen Leben wird es hell, und Freude erfüllt jeden, der ihm aufrichtig dient.

Herr, umgib du .... Leben mit Licht und Freude. Hilf ...., immer aufrichtig zu sein!

PSALM 98

GOTT IST WAHRHEIT

Anbetung 7 Das Meer mit allem, was in ihm lebt, soll zu seiner
Ehre brausen und tosen! Die ganze Welt soll in Jubel
ausbrechen! 8a Ihr Flüsse, klatscht in die Hände;
ihr Berge, preist unseren HERRN.

. . . . Leben ist in deinen Händen. Du bist die Wahrheit, nichts an dir ist Täuschung, ich preise dich mit der ganzen Schöpfung.

Buße 9 Er kommt, um die Welt zu richten. Sein Urteil über
die Völker ist unbestechlich und gerecht.

Jesus Christus, du bist . . . . Gerechtigkeit, lass . . . . immer an der Wahrheit festhalten.

Dank 3 Er erfüllte das Versprechen, seinem Volk gnädig
und treu zu sein. Bis in die fernsten Länder ist die
Nachricht gedrungen: »Gott hat Israel gerettet!«

Danke, dass du auch deine Versprechen für . . . . nicht vergessen hast. Durch dich, Jesus Christus, hat . . . . Zugang zu allen Verheißungen.

Fürbitte 4 Jubelt dem HERRN zu, ihr Menschen auf der Erde! Preist
ihn mit Liedern, singt und jubelt laut vor Freude! 5 Lasst
für ihn die Saiten der Harfe erklingen und erfreut den
HERRN mit eurem Gesang!

Herr, erfülle . . . . Herz mit Jubel und Lobpreis. Schenke . . . . ein fröhliches Herz und die Begabung, dich vielseitig zu loben.

PSALM 99

KÖNIG DER GERECHTIGKEIT

Anbetung

4 Du, HERR, bist ein mächtiger König! Weil du die Gerechtigkeit liebst, hast du uns den Maßstab für gerechtes
Handeln gegeben, in ganz Israel sorgtest du für Ordnung
und Recht. 5 Betet den HERRN an, unseren Gott! Fallt vor
seinem Thron nieder, denn er ist der heilige Gott!

Du bist heilig und gerecht! Deshalb setzt du Recht und Gerechtigkeit in .... Leben ein. Ich preise dich und falle vor dir nieder und bete dich an.

Buße

7 Gott sprach zu ihnen aus der Wolkensäule, und sie gehorchten den Geboten, die er ihnen gab.

Heiliger Geist, hilf ...., dich zu erkennen und zu hören, was du sagst. Schenke .... ein gehorsames Herz!

Dank

8 HERR, unser Gott! Du hast sie [Mose, Aaron und Samuel] erhört. Du hast deinem Volk die Schuld vergeben, aber auch ihre Vergehen bestraft.

Danke, du erhörst .... und vergibst .... Schuld!

Fürbitte

9 Betet den HERRN an, unseren Gott! Auf seinem heiligen Berg Zion fallt vor ihm nieder, denn heilig ist er – der HERR, unser Gott!

Jesus Christus, berühre du .... Herz durch deine Gerechtigkeit und Heiligkeit immer wieder aufs Neue, sodass .... dich ein Leben lang lobt.

PSALM 100

GOTT IST ENDLOS GNÄDIG

Anbetung

1b Jubelt dem HERRN zu, ihr Völker der Erde! 2 Dient ihm
voll Freude, kommt zu ihm mit fröhlichen Liedern!

Voller Freude bete ich dich an, du bist . . . . endlos gnädig! Ich will nie aufhören, in deine Gegenwart zu kommen und dich über . . . . Leben anzubeten!

Buße

5 Denn der HERR ist gut zu uns, seine Gnade hört niemals auf, für alle Zeiten hält er uns die Treue.

Jesus Christus, ... soll erkennen, dass deine Gnade größer ist als alles. Du bist . . . . immer treu, denn deine Gnade hört nie auf!

Dank

4 Geht durch die Tempeltore ein mit Dank, betretet die Vorhöfe mit Lobgesang! Preist ihn und rühmt seinen Namen!

Danke, dass du . . . . einlädst, in deine Gegenwart zu kommen und dir zu danken und deinen Namen zu loben.

Fürbitte

5 Denn der HERR ist gut zu uns, seine Gnade hört niemals auf, für alle Zeiten hält er uns die Treue.

Endlos gnädiger Gott, lass . . . . deine Treue erfahren in allen Lebensphasen und zeige sie ihm bis in Ewigkeit!

PSALM 101

GOTT IST HERR

Anbetung

1b Von Gnade und Recht will ich singen; dich, HERR, will ich mit meinem Lied preisen.

Herr, ich will von der Gnade und Gerechtigkeit singen, die du .... erwiesen hast. Ich will dich immer loben, du bist der Herr über alles.

Buße

2 Ich möchte aufrichtig und weise regieren – komm und hilf mir doch dabei! An meinem Hof soll nur geschehen, was ich vor dir verantworten kann.

Herr, lass .... erkennen, dass deine Gnade die Kraft ist, um ein verantwortungsvolles Leben zu führen. Hilf ...., dir immer zu vertrauen!

Dank

3 Auf gottlose Vorhaben lasse ich mich niemals ein. Ich hasse es, wenn Menschen deine Gebote missachten. Mir selbst soll das niemand nachsagen können!

Danke, Jesus Christus, du bist .... Gerechtigkeit und machst .... stark, alles Böse und Gemeine zu hassen!

Fürbitte

4 Ich dulde bei mir keinen Heuchler, mit Bösem will ich nichts zu tun haben.

Herr, wache du über ...., dass schlechte Gedanken keinen Raum haben und .... sich vom Bösen fernhält.

PSALM 102

GOTT IST OHNE ANFANG UND ENDE

Anbetung 28 Du aber bleibst ein und derselbe, deine Jahre haben kein Ende.

Du warst immer und wirst immer da sein für . . . . , du bist immer derselbe, ich preise dich, du liebender Gott.

Buße 26 Vor langer Zeit hast du alles geschaffen, Himmel und Erde
sind das Werk deiner Hände. 27 Sie werden vergehen,
du aber bleibst. Wie alte Kleider werden sie zerfallen,
wie ein abgetragenes Gewand legst du sie ab und
wechselst sie aus.

Jesus Christus, lass . . . . erkennen, dass du allein ewig bist. Hilf . . . . , trotz der Vergänglichkeit des Lebens dir zu vertrauen.

Dank 13 Du aber, HERR, regierst für alle Zeiten; von dir wird man erzählen, solange es Menschen gibt.

Danke, dass du in . . . . Leben herrschst, dein Ruhm berührt auch . . . . Generation.

Fürbitte 29 Die Nachkommen deines Volkes werden in Sicherheit wohnen, unter deinem Schutz werden sie geborgen sein.

Herr, beschütze . . . . , dass . . . . in Sicherheit aufwachsen kann und . . . . Nachkommen unter deinem Schutz geborgen sein werden, zu deiner Ehre.

PSALM 103

GOTT, DER VATER

Anbetung

11 Denn so hoch, wie der Himmel über der Erde ist, so groß ist seine Liebe zu allen, die Ehrfurcht vor ihm haben.

13 Wie ein Vater seine Kinder liebt, so liebt der HERR alle, die ihn achten und ehren.

Ich preise deine himmelhohe Liebe! Du bist der beste Vater und erbarmst dich zärtlich über . . . . !

Buße

10 Er bestraft uns nicht, wie wir es verdienen; unsere Sünden und Verfehlungen zahlt er uns nicht heim.

Heiliger Geist, wirke du die tiefe Erkenntnis in . . . . Herz, dass Jesus Christus das Geschenk der Gnade ist.

Dank

4 Er bewahrt mich vor dem sicheren Tod und beschenkt
mich mit seiner Liebe und Barmherzigkeit. 5 Mein
Leben lang gibt er mir Gutes im Überfluss, er macht
mich wieder jung und stark wie ein Adler.

Du hast . . . . aus dem Tod befreit und umgibst . . . . mit Liebe und Güte. Du machst . . . . Leben reich, jung und stark. Danke!

Fürbitte

13 Wie ein Vater seine Kinder liebt, so liebt der HERR alle, die ihn achten und ehren.

Vater, liebe . . . . und hilf . . . . , dich immer zu achten und zu ehren!

PSALM 104

GOTT IST GEIST

Anbetung 30 Doch wenn du deinen Geist schickst, wird neues Leben geschaffen, und die Erde kann sich wieder entfalten.

Ich staune und lobe dich, Geist Gottes, du bist der Erschaffer von .... und hast .... das Leben geschenk!

Buße 29 Doch wenn du dich von ihnen abwendest, müssen sie zu Tode erschrecken. Ja, sie sterben und werden zu Staub, wenn du ihnen den Lebensatem nimmst.

Herr, lass .... erkennen, dass alles Leben durch deinen Geist entstanden ist, du allein kannst .... bewahren.

Dank 24 O HERR, welch unermessliche Vielfalt zeigen deine Werke! Sie alle sind Zeugen deiner Weisheit, die ganze Erde ist voll von deinen Geschöpfen.

Danke, dass .... in deiner Vielfalt und Weisheit leben kann!

Fürbitte 31 Die Herrlichkeit des HERRN möge ewig bestehen! Er freue sich an dem, was er geschaffen hat!

Herr, deine Freude an .... ist kostbar, bitte beschütze die Beziehung zwischen dir und ...., dass die Freude aneinander immer spürbar ist wie ein herrlicher Duft!

PSALM 105

GOTT HAT DAS LETZTE WORT

Anbetung

7 Er ist der HERR, unser Gott! Auf der ganzen Welt hat
er das letzte Wort. 8 Niemals vergisst er seinen Bund,
sein Versprechen, das er uns gab. Es gilt für alle
Generationen nach uns, selbst wenn es tausende sind.

Du hast immer das letzte Wort, deine Macht ist unbegrenzt und alle deine Versprechen gelten für . . . . Ich preise dich!

Buße

4 Fragt nach dem HERRN und rechnet mit seiner Macht,
wendet euch immer wieder an ihn!

Heiliger Geist, schaffe du eine wahre Sehnsucht nach der Gegenwart des himmlischen Vaters in . . . . Herzen und bewirke, dass . . . . nicht ohne ihn leben will.

Dank

42 Ja, Gott hat Wort gehalten! Er löste sein heiliges
Versprechen ein, das er Abraham, seinem Diener,
gegeben hatte.

Danke, dass alle deine Versprechen durch Jesus Christus für . . . . wahr sind.

Fürbitte

5/6 Ihr Nachkommen seines Dieners Abraham, erinnert
euch an die Wunder, die er vollbracht hat! Ihr Kinder
und Enkel von Jakob, die er auserwählt hat, denkt
an all seine mächtigen Taten und Urteile!

Herr, hilf . . . ., immer wieder in der Bibel zu forschen und nie zu vergessen, dass du alle deine Versprechen auch für . . . . wahrmachen wirst!

PSALM 106

GOTT IST GNÄDIG IM ZORN

Anbetung 40 Da geriet der HERR in Zorn über Israel und verabscheute
sein eigenes Volk.

44 Doch als Gott ihre verzweifelte Lage sah und ihre Hilfe-
schreie hörte, 45 da dachte er an seinen Bund mit ihnen.
Ja, seine Liebe zu ihnen war stark, darum tat es ihm leid,
dass er sie ihren Feinden ausgeliefert hatte.

Gott du bist heilig und deshalb duldest du keine Sünde! Ich preise dich, Jesus Christus, über .... Leben. Trotz deines Zorns hast du dich .... in Ewigkeit zugewendet.

Buße 13 Doch schon bald vergaßen sie, was er für sie getan hatte. Sie wollten nicht darauf warten, dass sein Plan sich erfüllte.

Jesus Christus, lass .... dich und das Kreuz immer vor Augen haben, damit .... erkennt, wie heilig und gnädig du bist, und deinen Plänen folgen will.

Dank 8 Trotzdem befreite sie der HERR, um seinem Namen Ehre zu machen und ihnen seine große Macht zu beweisen.

Jesus Christus, danke, dass du .... aus Sünde und Schuld gerettet hast!

Fürbitte 3 Glücklich sind alle, die sich an seine Ordnungen halten und immer das tun, was in Gottes Augen recht ist!

Heiliger Geist, hilf ...., die Bibel zu lesen und deine Worte in der Tiefe zu verstehen. Hilf ...., immer das zu tun, was in deinen Augen recht ist, schenke .... dieses Glück!

PSALM 107

GOTT, DER HEIMBRINGER

Anbetung

1 Dankt dem HERRN, denn er ist gut, und seine Gnade
hört niemals auf! 2 Dies sollen alle bekennen, die der
HERR erlöst hat. Ja, er hat sie aus der Gewalt ihrer
Unterdrücker befreit 3 und aus fernen Ländern wieder
zurückgebracht – aus Ost und West, aus Nord und Süd.

Du bringst .... heim, weil .... zu dir gehört! Ich lobe und preise dich, weil du immer weißt, wo .... ist. Du bist gut, gnädig und ewig!

Buße

42 Die aufrichtigen Menschen sehen es voll Freude,
und alle niederträchtigen müssen verstummen.

Jesus Christus, hilf ...., dir fröhlich zu vertrauen, dass du .... heim zu dir bringst!

Dank

7 Er half ihnen, den richtigen Weg zu finden,
und führte sie zu einer bewohnten Stadt.

Danke, dass du .... den richtigen Weg zeigst und .... ein Zuhause gibst.

Fürbitte

6 In auswegloser Lage schrien sie zum HERRN,
und er rettete sie aus ihrer Not.

Herr, wenn .... in Not ist, ermutige ...., zu dir zu schreien! Rette .... aus aller Verzweiflung.

PSALM 108

GOTT VOLLBRINGT GROSSES

Anbetung

6 Gott, zeige deine Größe, die den Himmel überragt;
erweise auf der ganzen Welt deine Hoheit und Macht!

14 Aber mit Gott werden wir große Taten vollbringen;
er wird all unsere Feinde zertreten!

Herr, erhebe dich! Deine Herrlichkeit soll .... Leben erfüllen. Du hast in Jesus Christus jeden Gegner von .... zertreten. Mit dir wird .... große Taten vollbringen.

Buße

5 Groß ist deine Güte, sie reicht über den Himmel
hinaus! Und wohin die Wolken auch ziehen:
Überall ist deine Treue!

Jesus Christus, bei dir sind Güte und Treue. Bitte lass .... dich immer lieben!

Dank

4 HERR, ich will dir danken vor den Völkern,
vor allen Menschen will ich dir singen.

Danke, dass .... dir immer und überall Lob singen kann. .... Dank wird andere inspirieren.

Fürbitte

2 Gott, mein Herz ist voller Zuversicht, darum will ich
singen und für dich musizieren. Alles in mir soll
darin einstimmen! 3 Harfe und Laute, wacht auf!
Ich will den neuen Tag mit meinem Lied begrüßen.

Herr, zeige .... deine mächtigen Taten, damit .... dir immer mehr vertraut. Voller Freude soll .... Seele am Morgen aufwachen und dir singen und spielen.

PSALM 109

GOTT STEHT WEHRLOSEN BEI

Anbetung

30 Immer wieder will ich dem HERRN danken, in aller Öffentlichkeit will ich ihn loben. 31 Er steht dem Wehrlosen zur
Seite und rettet ihn vor denen, die seinen Tod fordern.

Gott, du bist der Retter von .... ! Ich preise dich, dass du .... bei Verurteilungen immer rettend zur Seite stehst!

Buße

3 Sie bedrängen mich mit hasserfüllten Worten und bekämpfen mich ohne jeden Grund.

Jesus Christus, du bist der einzige Weg zur Rettung aus allem Hass und Bösen. Bring du .... immer direkt zu dir!

Dank

30 Immer wieder will ich dem HERRN danken,
in aller Öffentlichkeit will ich ihn loben.

Danke, dass du .... entschlossen machst, dir immer aufs Neue zu danken und dich in aller Öffentlichkeit zu loben.

Fürbitte

22 Ich bin niedergeschlagen und hilflos,
im tiefsten Herzen verletzt.

26 Hilf mir, HERR, und rette mich,
denn du bist doch ein gnädiger Gott!

Herr, ... ist arm und hilflos ohne dich. Schenke .... deine rettende Gnade in allen Lebensnöten!

PSALM 110

GOTT HÄLT SEINE VERSPRECHEN

Anbetung

4 Gott, der HERR, hat meinem Herrn geschworen: »In alle Ewigkeit sollst du ein Priester sein, so wie es Melchisedek war!« Diesen Schwur wird er niemals zurücknehmen.

Herr, ich lobe und preise dich. Du hältst alle deine Versprechen, niemals wirst du deinen Friedensbund in Jesus mit .... brechen.

Buße

5 Gott, der HERR, wird dir zur Seite stehen; am Tag des Gerichts zerschmettert er die feindlichen Herrscher.

Jesus Christus, ich bitte um Erkenntnis für ...., dass du allein .... Gerechtigkeit bist.

Dank

1b Gott, der HERR, sprach zu meinem Herrn: »Setze dich auf den Ehrenplatz an meiner rechten Seite, bis ich dir alle deine Feinde unterworfen habe und du deinen Fuß auf ihren Nacken setzt!«

Danke, dass du für .... kämpfst und .... immer an deiner Seite bleiben kann.

Fürbitte

4 Gott, der HERR, hat meinem Herrn geschworen: »In alle Ewigkeit sollst du ein Priester sein, so wie es Melchisedek war!« Diesen Schwur wird er niemals zurücknehmen.

Jesus Christus, du machst .... zu deinem Kind und Priester. Schenke .... den Glauben, diese Rollen einzunehmen.

PSALM 111

GOTTES EWIGER BUND

Anbetung

9 Der HERR hat sein Volk erlöst und einen ewigen Bund mit ihnen geschlossen. Heilig und furchterregend ist sein Name!

Du bist heilig und gerecht! Durch Jesus Christus hast du deinen Bund mit .... bestätigt. .... ist frei. Ich lobe dich, mein Gott.

Buße

4 Er selbst hat alles dafür getan, dass seine Wunder nicht in Vergessenheit geraten. Gnädig und barmherzig ist der HERR!

Jesus Christus, schenke .... Gnade, deine Wunder niemals zu vergessen.

Dank

3 Was Gott tut, ist eindrucksvoll und einzigartig; auf seine Gerechtigkeit ist für immer Verlass.

Danke, Herr, du tust eindrucksvolle und einzigartige Dinge in .... Leben!

Fürbitte

10 Alle Weisheit fängt damit an, dass man Ehrfurcht vor dem HERRN hat. Ja, klug ist, wer sein Leben nach Gottes Geboten ausrichtet. Nie wird das Lob des HERRN verstummen!

Herr, wirke du Ehrfurcht vor dir in .... Herz! .... soll klug sein und sich ganz nach dir ausrichten.

PSALM 112

GOTT IST ZU LOBEN

Anbetung 1 Halleluja – lobt den HERRN! Glücklich ist, wer dem HERRN in Ehrfurcht begegnet und große Freude hat an seinen Geboten!

Gott, du bringst .... zum Loben, ich preise dich! Glücklich und voller Freude beten wir dich an. Wir freuen uns über dein Wort.

Buße 4 Selbst in dunklen Stunden leuchtet ihm ein Licht, er ist voll Erbarmen, großmütig und gerecht.

Jesus Christus, sei du .... Licht, zeige .... dein Erbarmen in den dunkelsten Augenblicken.

Dank 2 Seine Nachkommen werden im ganzen Land hohes Ansehen genießen, denn Gottes Segen liegt auf jeder Generation, die aufrichtig mit ihm lebt.

Danke, dass du .... Gelingen und Aufblühen schenkst, wenn .... aufrichtig mit dir lebt.

Fürbitte 9 Großzügig schenkt er den Bedürftigen, was sie brauchen; auf seine Barmherzigkeit kann man immer zählen. Darum kommt er zu Ansehen und Macht.

Herr, schenke .... ein großzügiges und barmherziges Herz. Lass .... Taten auf ewig Zeichen setzen für dein Königreich!

PSALM 113

GOTT IST EINZIGARTIG

Anbetung 3 Von dort, wo die Sonne aufgeht, bis dorthin, wo sie untergeht – überall werde der HERR gelobt!

5/6 Einzigartig ist der HERR, unser Gott! Niemand im Himmel und auf der Erde ist ihm gleich. Sein Thron steht hoch über allen Thronen, und doch sieht er hinab auf das, was in der Tiefe vor sich geht.

Du bist einzigartig! Du hast Einblick in alles, dein mächtiger Name ist lobenswert in .... Leben. Ich preise dich täglich.

Buße 4 Er herrscht über alle Völker, seine Hoheit und Macht überragt selbst den Himmel!

Jesus Christus, lass .... Augen stets auf dich schauen! Deine Schönheit, Gnade und deine Macht sind einzigartig.

Dank 7 Dem Verachteten hilft er aus seiner Not. Er zieht den Armen aus dem Schmutz.

Mein Leben lang will ich dir danken,
du hilfst .... aus der Not.
Du ziehst .... aus dem Schmutz!

Fürbitte 1 Halleluja – lobt den HERRN! Lobt den HERRN, ihr seine
Diener, lobt seinen herrlichen Namen! 2 Ja, der Name
des HERRN werde gepriesen – jetzt und in alle Ewigkeit!

Einzigartiger Gott, hilf ...., dir zu dienen, dich immer anzubeten und über dich zu staunen. Erfülle .... mit Erkenntnis und Lob.

PSALM 114

GOTT, DER NATURVERÄNDERER

Anbetung

5a Was ist mit dir geschehen, Meer? Warum bist du so
plötzlich zurückgewichen? 6a Ihr Berge, weshalb seid ihr
gesprungen wie die Schafböcke, und ihr Hügel? 7 Erde,
erbebe, wenn der HERR, der Gott Jakobs, erscheint!
8 Er verwandelte Felsen in Teiche voller Wasser und
ließ Quellen sprudeln, wo vorher nur harter Stein war!

Ich lobe und preise dich! Selbst die Natur muss dir gehorchen. In allen Naturgewalten hältst du .... Leben in deinen Händen.

Buße

3 Das Schilfmeer sah ihn kommen und wich zurück, auch
der Jordan hörte auf zu fließen und staute sein Wasser.

Jesus Christus, hilf .... zu verstehen, dass die Natur dir gehorchen muss und dass du die absolute Macht hast.

Dank

8 Er verwandelte Felsen in Teiche voller Wasser und ließ
Quellen sprudeln, wo vorher nur harter Stein war!

Danke, dass du .... jederzeit frisches Quellwasser gibst. Es gibt keinen Ort, der zu hart ist, weil du, Jesus, für alle Ewigkeit das frische Wasser bist.

Fürbitte

7 Erde, erbebe, wenn der HERR, der Gott Jakobs, erscheint! 8 Er verwandelte Felsen in Teiche voller
Wasser und ließ Quellen sprudeln, wo vorher nur
harter Stein war!

Herr, lass die Erde um .... erbeben, damit .... deine Kraft erkennt. Schenke .... frisches Wasser aus deiner Hand.

PSALM 115

GOTT, DER HIMMELSEIGENTÜMER

Anbetung

1 Nicht uns, HERR, nicht uns, sondern deinen Namen
bringe zu Ehren! Du allein bist gnädig und treu!

3 Unser Gott ist im Himmel, und alles, was er will,
das tut er auch!

16 Der Himmel gehört dem HERRN allein, die Erde
aber hat er den Menschen anvertraut.

Dir gehört der Himmel, und du hast die Erde gemacht für uns Menschen. Ich lobe und preise dich, dass du .... die Erde anvertraut hast!

Buße

2 Warum dürfen die Völker höhnisch fragen:
»Wo bleibt er denn, ihr Gott?«

Jesus Christus, lass .... niemals an dir zweifeln, wenn andere Menschen dich lächerlich machen.

Dank

16 Der Himmel gehört dem HERRN allein, die Erde
aber hat er den Menschen anvertraut.

Danke, dass du .... und uns allen die Erde zum Leben geschenkt hast.

Fürbitte

11 Ihr alle, die ihr den HERRN achtet – vertraut ihm!
Er allein gibt euch Hilfe und Schutz.

Herr, du Himmelseigentümer, hilf ...., sich deinem Schutz anzuvertrauen.

PSALM 116

GOTT ENTREISST DEM TOD

Anbetung 1 Ich liebe den HERRN, denn er hat mich gehört, als ich
zu ihm um Hilfe schrie.

3 Ich war schon gefangen in den Fesseln des Todes,
Sterbensangst hatte mich gepackt, und ich war
völlig verzweifelt.

16 Gott, du bist mein HERR, und ich diene dir, wie schon
meine Mutter es getan hat. Du hast mich den Klauen
des Todes entrissen.

Ich liebe dich, du hast .... durch Jesus Christus dem Tod entrissen. .... kann leben, jetzt und in alle Ewigkeit, ich lobe dich!

Buße 10 Ich vertraute auf Gott, darum sagte ich ihm:
»Ich weiß nicht mehr aus noch ein!«

Herr, gib .... Vertrauen ins Herz, dass .... dich selbst in Todesnot anruft.

Dank 17 Deshalb will ich dir ein Dankopfer bringen und deinen
Namen, HERR, preisen.

Danke, dass .... dir immer danken kann, weil du immer für .... da bist!

Fürbitte 6 Er beschützt alle, die sich selbst nicht helfen können.
Ich war in großer Gefahr, doch der HERR hat mir geholfen!

Herr, gib .... einen kindlichen Glauben an dich und dein Wort. Lass .... erkennen, dass du niemals enttäuschst!

PSALM 117

GOTT ALLER NATIONEN

Anbetung 1 Lobt den HERRN, alle Völker; preist ihn, alle Nationen!

Du bist der Gott aller Nationen und siehst trotzdem den Einzelnen an. Ich bete dich an! Du hast .... Leben geschaffen und bist Gott von .... und .... Nation, für immer und ewig!

Buße 1 Lobt den HERRN, alle Völker; preist ihn, alle Nationen!

Jesus Christus, lege du deine Freude, Anbetung und Lob in .... Herz. Bewahre .... davor, jemals davon abzuweichen!

Dank 2 Denn seine Liebe zu uns ist stark, und seine Treue hört niemals auf! Halleluja – lobt den HERRN!

Danke, dass .... dich ewig loben und preisen kann. Deine Liebe und Treue für .... hören niemals auf!

Fürbitte 1 Lobt den HERRN, alle Völker; preist ihn, alle Nationen!

Heiliger Geist, durch dich wird .... ein Anbeter. Du hast .... Leben eingehaucht. Lass .... Lob auch andere Menschen anstecken und inspirieren!

PSALM 118

JESUS, DER GRUNDSTEIN

Anbetung

22 Der Stein, den die Bauleute wegwarfen, weil sie ihn für unbrauchbar hielten, ist zum Grundstein des ganzen Hauses geworden!

23 Was keiner für möglich gehalten hat, das tut der HERR vor unseren Augen!

Jesus Christus, du bist der Grundstein von Gottes himmlischem Haus, ... darf immer in deinem Haus bleiben und dich anschauen. Ich lobe und preise dich!

Buße

5 In auswegloser Lage schrie ich zum HERRN. Da holte er mich aus der Bedrängnis heraus und schenkte mir wieder die Freiheit.

Du bist Freiheit! Jesus Christus, hilf ...., in jeder Bedrängnis zu dir zu beten, du wirst .... erhören und befreien.

Dank

24 Diesen Freudentag hat er gemacht, lasst uns fröhlich sein und jubeln!

Danke, du hast jeden Tag in .... Leben gemacht und .... darf jubeln und fröhlich sein!

Fürbitte

9 Es ist viel besser, beim HERRN Schutz zu suchen, als mit denen zu rechnen, die mächtig und einflussreich sind.

Du bist der Eckstein und Grundstein von allem, deshalb hilf ...., auf dich allein zu vertrauen.

PSALM 119

GOTT IST DER LEHRER

Anbetung 102 Ich habe deine Belehrungen gerne angenommen, denn einen besseren Lehrer als dich gibt es nicht.

Ich preise dich als besten Lehrer für ....

Buße 104 Dein Gesetz macht mich einsichtig und klug, deshalb ist mir jede Art von Falschheit verhasst.

Jesus Christus, du machst .... einsichtig, deshalb soll .... jede Art von Falschheit hassen. Lass .... nie aus deiner Schule laufen!

Dank 97 HERR, wie sehr liebe ich dein Gesetz; den ganzen Tag denke ich darüber nach!

98 Gerade weil es mir immer gegenwärtig ist, bin ich meinen Feinden an Klugheit überlegen.

Danke, dass du dein Wort in .... Herz schreibst! Danke, dass .... deshalb in Klugheit wächst!

Fürbitte 103 Dein Wort ist meine Lieblingsspeise, es ist süßer als der beste Honig.

124 HERR, du bist gnädig, darum hilf mir doch! Lehre mich, deine Ordnungen zu verstehen!

Jesus, berühre du durch deine Worte .... Herz. Wirke du durch dein Wort, wie süßer Honig, Verständnis und Hunger nach mehr. .... Lebensziel soll es sein, dir allein zu dienen!

PSALM 120

GOTT KÄMPFT

Anbetung

1b In auswegloser Lage schrie ich zum HERRN, und er half
mir aus meiner Not.

3 Ihr Betrüger, wisst ihr, womit Gott euch strafen wird und
wie er euch euer falsches Gerede heimzahlt? 4 Er, der
mächtige Gott, wird euch mit seinen Pfeilen treffen,
und mit glühenden Kohlen wird er euch versengen!

Du kämpfst für .... und überwältigst alle Gegner von .... ! Ich preise dich, du starker Gott!

Buße

6 Viel zu lange wohne ich schon hier, umgeben von Leuten, die den Frieden hassen.

Jesus Christus, bewahre den Frieden in .... Herz, auch wenn .... mitten im Hass lebt.

Dank

1b In auswegloser Lage schrie ich zum HERRN, und er half mir aus meiner Not.

Danke, dass du hörst, wenn .... auf dem Weg zu dir in Not gerät und zu dir betet!

Fürbitte

7 Ich selbst bin zwar auf Frieden bedacht, aber sobald ich auch nur den Mund aufmache, fangen sie schon einen Streit an!

Jesus Christus, bitte erfülle .... mit deinem Schalom! Lass .... am Frieden festhalten, auch wenn andere Streit suchen.

PSALM 121

GOTT HILFT

Anbetung 2 Meine Hilfe kommt vom HERRN, der Himmel und Erde
gemacht hat! 3 Der HERR wird nicht zulassen, dass
du fällst; er, dein Beschützer, schläft nicht. 4 Ja, der
Beschützer Israels schläft und schlummert nicht.

Du bist ein helfender Gott. Du hast ....
geschaffen. Du wirst nie müde, ...
zu helfen, ich preise dich!

Buße 1b Ich schaue hinauf zu den Bergen – woher kann ich
Hilfe erwarten?

Jesus Christus, lass .... immer auf dich
und deine Hilfe vertrauen.

Dank 7 Der HERR schützt dich vor allem Unheil, er bewahrt
dein Leben.

Herr, du behütest .... vor allem Unheil
und bewahrst .... Leben, danke!

Fürbitte 8 Er gibt auf dich acht, wenn du aus dem Haus gehst und
wenn du wieder heimkehrst. Jetzt und für immer steht
er dir bei!

Herr, behüte .... Leben und jeden Schritt,
den .... macht, bis in Ewigkeit.

PSALM 122

GOTTES VOLK

Anbetung 1b Wie sehr habe ich mich gefreut, als man zu mir sagte:
»Komm mit, wir gehen zum Haus des HERRN!« 2 Nun
sind wir endlich am Ziel! Wir haben Jerusalems Tore
durchschritten.

4 Zu dir ziehen alle Stämme des HERRN hinauf – ganz Israel will ihn dort preisen, so wie er es befahl.

Du hast dir Jerusalem ausgewählt, ich preise dich, dass auch .... durch Jesus Christus zu deinem Volk gehören darf. Voller Freude kann .... dich loben!

Buße 8 Weil mir meine Verwandten und Freunde am Herzen liegen, wünsche ich dir, Jerusalem, Frieden und Glück.

Herr, schenke .... Liebe zu deinem Volk und Sehnsucht, für Frieden in Jerusalem zu beten.

Dank 9 Weil in dir das Haus des HERRN, unseres Gottes, steht, setze ich mich für dein Wohlergehen ein.

Danke, dass Jerusalem deine Stadt ist und .... deshalb ein wichtiger Teil davon ist.

Fürbitte 8 Weil mir meine Verwandten und Freunde am Herzen liegen, wünsche ich dir, Jerusalem, Frieden und Glück.

Herr, lass .... immer mehr von deiner Geschichte mit uns Menschen verstehen und Israel segnen.

PSALM 123

GOTT THRONT IM HIMMEL

Anbetung 1b HERR, ich richte meine Augen auf dich, ich schaue zum Himmel hinauf, wo du wohnst.

Ich richte meine Augen auf dich und bete dich an! Du wohnst im Himmel und wachst von dort über die ganze Welt, auch über . . . .

Buße 1b HERR, ich richte meine Augen auf dich, ich schaue zum Himmel hinauf, wo du wohnst.

Jesus Christus, lass . . . . Augen zum Himmel hinaufschauen und erkennen, wie mächtig du bist.

Dank 2 Wie ein Diener auf ein Handzeichen seines Herrn wartet und eine Magd auf einen Wink ihrer Herrin – so blicken wir auf den HERRN, unseren Gott, bis er uns ein Zeichen seiner Gnade gibt.

Danke, dass . . . . immer auf dich blicken kann. Deine Gnade ist in allem und für alles da!

Fürbitte 3 Hab Erbarmen mit uns, HERR, hilf uns! Schon viel zu lange haben wir Verachtung erlitten!

Herr, wenn . . . . verachtet wird und leidet, schenke du deine Gnade. Du wohnst im Himmel und hast allein die Kraft, ... zu beschützen.

PSALM 124

GOTT IST LEBENSSCHUTZ

Anbetung 1b Israel soll bekennen: Hätte der HERR uns nicht geholfen, 2 als die Feinde uns angriffen, ja, wäre er nicht für
uns eingetreten, 3 dann hätten sie uns in ihrer Wut bei
lebendigem Leib verschlungen.

Ich lobe und preise dich, Herr, weil du dein Volk durch die Geschichte geleitet und immer wieder aus großer Gefahr gerettet hast. Du bist auch .... Lebensschutz!

Buße 4 Dann hätten uns mächtige Wogen überschwemmt
und Wildbäche uns fortgerissen.

Jesus Christus, lass .... erkennen, dass du .... Lebensschutz bist.

Dank 6 Gepriesen sei der HERR! Er hat nicht zugelassen,
dass sie uns zerfleischten.

Danke, dass .... Leben in deinen Händen ist und niemand es zerstören kann.

Fürbitte 8 Ja, unsere Hilfe kommt vom HERRN, der Himmel
und Erde erschaffen hat.

Herr, schenke .... tiefen Glauben und Vertrauen ins Herz, dass .... Hilfe von dir kommt, dem Schöpfer des Himmels und der Erde.

PSALM 125

GOTT BESCHÜTZT

Anbetung 2 So wie sich die Berge rings um Jerusalem erheben –
so umgibt der HERR schützend sein Volk, jetzt und
für alle Zeit.

Wie die Berge Jerusalem umgeben, umgibst und beschützt du ...., ich lobe dich!

Buße 5 Diejenigen aber, die sich von dir abwenden und
krumme Wege gehen, wirst du verstoßen wie alle
anderen Übeltäter! Frieden komme über Israel!

Herr, bewahre .... vor üblen Dingen und krummen Wegen!

Dank 1b Wer dem HERRN vertraut, ist wie der Berg Zion;
er steht für immer unerschütterlich und fest.

Danke, dass .... unerschütterlich und fest im Leben steht und für immer Bestand hat, wenn .... dir vertraut.

Fürbitte 4 HERR, tue denen Gutes, die Gutes tun, denen,
die aufrichtig mit dir leben!

Heiliger Geist, durchdringe .... Herz, dass es gut und aufrichtig ist. Herr, tue .... Gutes!

PSALM 126

GOTT, DER ZURÜCKBRINGER

Anbetung 1b Als der HERR uns aus der Gefangenschaft nach Jerusalem
zurückbrachte, da kamen wir uns vor wie im Traum. 2 Wir
lachten aus vollem Hals und jubelten laut vor Freude. Auch
die anderen Völker mussten zugeben: »Was der HERR für
sie getan hat, ist groß und gewaltig!«

Du bringst .... immer zurück, du hast Herrliches für .... getan, ich lobe und preise dich mit großer Freude!

Buße 4 HERR, wende auch jetzt unser düsteres Geschick zum
Guten, so wie du ausgetrocknete Bäche wieder mit
Wasser füllst!

Herr, wende .... Geschick zum Guten und belebe .... durch deinen Heiligen Geist!

Dank 3 Ja, der HERR hat große Taten für uns vollbracht!
Wir waren außer uns vor Freude.

Jesus Christus, du hast die Herrlichkeit in .... Herz gebracht, ... wird dir immer danken!

Fürbitte 5 Wer die Saat mit Tränen aussät, wird voller Freude
die Ernte einbringen. 6 Weinend geht er hinaus und
streut die Samen aufs Feld; doch wenn er zurück-
kommt, jubelt er über die reiche Ernte.

Herr, stärke ...., in die Welt zu gehen und guten Samen auszustreuen. Verwandle .... Tränen in Jubel und lass .... voller Freude deine Ernte einbringen.

PSALM 127

GOTT HÄLT DIE GANZE WELT AM LAUFEN

Anbetung 1b Wenn der HERR nicht das Haus baut, dann ist alle Mühe der Bauleute umsonst. Wenn der HERR nicht die Stadt bewacht, dann wachen die Wächter vergeblich.

Ich preise dich als Architekt von .... Lebenshaus! Du hast alles im Blick und kannst uns alle beschützen.

Buße 2 Ihr steht frühmorgens auf und gönnt euch erst spät am Abend Ruhe, um das sauer verdiente Brot zu essen. Doch ohne Gottes Segen ist alles umsonst! Denen, die er liebt, gibt Gott alles Nötige im Schlaf!

Herr, leite .... Herz, dich immer zuerst zu lieben und dir zu vertrauen.

Dank 2 Ihr steht frühmorgens auf und gönnt euch erst spät am Abend Ruhe, um das sauer verdiente Brot zu essen. Doch ohne Gottes Segen ist alles umsonst! Denen, die er liebt, gibt Gott alles Nötige im Schlaf!

Danke! Nicht .... Arbeit und Erfolg sind es, die .... ruhig schlafen lassen. Du gibst .... alles im Schlaf, weil .... dich liebt.

Fürbitte 3 Auch Kinder sind ein Geschenk des HERRN; wer sie empfängt, wird damit reich belohnt.

Herr, lass .... verstehen, dass .... dein Geschenk für uns alle ist!

PSALM 128

GOTT SEGNET

Anbetung 4 So reich beschenkt Gott den Mann, der ihm mit Ehrfurcht
begegnet. 5 Der HERR segne dich – er, der auf dem Berg
Zion wohnt! Dein Leben lang sollst du sehen, dass es
Jerusalem gut geht.

Du bist der Gott allen Segens, dein Segen tut Jerusalem und .... gut!

Buße 1b Glücklich ist jeder, der den HERRN achtet und nach seinen Weisungen lebt!

Jesus Christus, leite du ...., nach deinen Weisungen zu leben, und gib .... ein Herz, das dich achtet.

Dank 2 Was du dir erarbeitet hast, kannst du auch genießen. Es geht dir gut, und das Glück ist auf deiner Seite.

Danke, durch deinen Segen geht es .... gut. Danke, dass .... alles Erarbeitete auch genießen darf.

Fürbitte 6 Mögest du so lange leben, dass du dich noch an deinen Enkeln erfreuen kannst! Frieden komme über Israel!

Herr, überschütte du .... mit deinem Segen, dass Friede und Freude aus .... Herzen strömen und der Segen an die Nachkommen weitergeht.

PSALM 129

GOTT BEFREIT VON FESSELN

Anbetung 1b Das soll Israel bekennen: Solange wir zurückdenken können, wurden wir ständig unterdrückt.

4 Doch der HERR ist treu und gerecht! Er durchschnitt die Stricke, mit denen uns die Gottlosen gefangen hielten.

Du bist gerecht und durchschneidest alle Stricke, die .... an gottlose Menschen binden. Ich preise dich darüber!

Buße 5 Alle, die Gottes Stadt auf dem Berg Zion hassen, sollen beschämt zurückweichen!

Herr, alle, die Jerusalem und dein Volk, zu dem auch .... gehören darf, hassen, müssen beschämt zurückweichen.

Dank 4 Doch der HERR ist treu und gerecht! Er durchschnitt die Stricke, mit denen uns die Gottlosen gefangen hielten.

Danke, du willst .... Freiheit schenken,
niemand kann .... gefangen halten,
weil deine Treue und Gerechtigkeit größer sind.

Fürbitte 4 Doch der HERR ist treu und gerecht! Er durchschnitt die Stricke, mit denen uns die Gottlosen gefangen hielten.

Jesus Christus, durch deine Gerechtigkeit ist .... befreit von aller Gottlosigkeit, hilf ...., auf dich allein zu vertrauen.

PSALM 130

GOTT SPRICHT

Anbetung

1 Ich setze meine ganze Hoffnung auf den HERRN; ich
warte auf sein erlösendes Wort. 6 Ja, ich warte voller
Sehnsucht auf den HERRN, mehr als die Wächter auf
den Morgen!

Du sprichst mit .... Dein Wort ist Leben und erfrischt .... jeden Morgen neu, ich preise dich!

Buße

3 Wenn du, HERR, jedes Vergehen gnadenlos anrechnest, wer kann dann vor dir bestehen?

Jesus Christus, lass .... erkennen, dass .... dich braucht und auf deine Gnade und Vergebung angewiesen ist.

Dank

8 Er wird Israel von aller Schuld befreien.

Jesus Christus, du hast .... aus allen Sünden gerettet, durch dich ist .... frei, danke!

Fürbitte

4 Doch bei dir finden wir Vergebung. Ja, du vergibst, damit wir dir in Ehrfurcht begegnen.

Herr, lass .... durch deine Vergebung erkennen, wie gnädig du bist, und lehre ...., dir in Ehrfurcht zu begegnen!

PSALM 131

GOTT IST WIE EINE MUTTER

Anbetung 2 Ich bin zur Ruhe gekommen, mein Herz ist zufrieden und still. Wie ein kleines Kind in den Armen seiner Mutter, so ruhig und geborgen bin ich bei dir!

Du bist für .... wie eine Mutter. In dir allein ist .... Herz zufrieden und still. Ich preise dich!

Buße 1b HERR, ich bin nicht hochmütig und schaue nicht auf andere herab. Ich strecke mich nicht nach Dingen aus, die doch viel zu hoch für mich sind.

Heiliger Geist, gib .... ein demütiges Herz und lass .... nicht auf andere herabschauen. Bewahre .... vor stolzen und überheblichen Gedanken.

Dank 2 Ich bin zur Ruhe gekommen, mein Herz ist zufrieden und still. Wie ein kleines Kind in den Armen seiner Mutter, so ruhig und geborgen bin ich bei dir!

Danke, dass .... Seele kindlich in dir ruhen kann. Ruhe und Geborgenheit umgeben .... ein Leben lang.

Fürbitte 3 Volk Israel, setze deine Hoffnung auf den HERRN, jetzt und für alle Zeiten!

Herr, schenke .... heute lebendige und ewige Hoffnung ins Herz.

PSALM 132

GOTT KRÖNT UND BEKLEIDET MIT HEIL

Anbetung 11 Ja, der HERR hat David einen Treueeid geschworen, und
diesen Schwur wird er niemals brechen! Er versprach ihm:
»Einen deiner Söhne mache ich zu deinem Thronfolger! 12
Wenn deine Nachkommen sich an meinen Bund halten
und meine Gebote befolgen, die ich ihnen einpräge, dann
sollen auch ihre Nachkommen für alle Zeiten regieren!«

Herr, du krönst und bekleidest Menschen mit deinem Heil! Ich preise dich, dass du .... ausgewählt hast, dein Kind zu sein.

Buße 1b HERR, erinnere dich doch, welche Mühe David auf sich nahm!

Herr, hilf ...., an dir festzuhalten, auch wenn es Mühe bedeutet!

Dank 14 Er sprach: »An diesem Ort lasse ich mich für immer nieder. Hier soll mein Ruheplatz sein – so habe ich es gewollt!«

Jesus Christus, du hast .... Herz ausgewählt, um darin zu wohnen. Danke, dass du .... so viel Gnade, Liebe und Vergebung schenkst!

Fürbitte 16 Die Priester sollen dem Volk mein Heil bezeugen. Alle, die mir die Treue halten, sollen laut jubeln vor Freude!

Herr, befähige du ...., als gerechter Diener für dein heiliges Reich zu arbeiten. Viele Menschen sollen sich über .... Dienst freuen!

PSALM 133

GOTT IST EINHEIT

Anbetung 1b Wie schön und angenehm ist es, wenn Brüder in Frieden
zusammenleben! 2 Das ist so wohltuend wie das duf-
tende Öl, mit dem der Priester Aaron gesalbt wurde und
das vom Kopf herunterrann in seinen Bart, bis hin zum
Halssaum seines Gewandes.

Jesus Christus, du bist die Quelle aller Einheit.
Ich preise dich, dass .... in Einheit
mit dir und mit Menschen leben darf.

Buße 1b Wie schön und angenehm ist es, wenn Brüder in
Frieden zusammenleben!

Herr, lehre du ...., in Frieden mit dir
und anderen zu leben.

Dank 3 Es ist so wohltuend wie frischer Tau, der vom Berg
Hermon auf die Berge Zions niederfällt. Ja, dort schenkt
der HERR seinen Segen und Leben, das niemals aufhört.

Danke, dass du .... lehrst, in Einheit zu leben, und .... mit Segen und Leben in Ewigkeit überschüttest.

Fürbitte 3 Es ist so wohltuend wie frischer Tau, der vom Berg
Hermon auf die Berge Zions niederfällt. Ja, dort schenkt
der HERR seinen Segen und Leben, das niemals aufhört.

Herr, bitte schenke .... Glaubensgeschwister, die mit .... in göttlicher Einheit leben.

PSALM 134

GOTT DER NACHT

Anbetung 1b Kommt und lobt den HERRN, alle seine Diener,
die ihr nachts in seinem Tempel steht!

Herr, auch nachts gebührt dir Lob und Preis! Ich preise dich, dass .... dich Tag und Nacht anbeten kann.

Buße 1b Kommt und lobt den HERRN, alle seine Diener,
die ihr nachts in seinem Tempel steht!

Herr, Tag und Nacht soll .... erfüllt sein mit Staunen, Ehrfurcht und Anbetung.

Dank 3 Dort auf dem Berg Zion wohnt der HERR, der Himmel
und Erde gemacht hat. Er gebe dir seinen Segen!

Danke, dass .... durch dich, Jesus Christus, mit allem gesegnet ist.

Fürbitte 2 Streckt eure Hände zum Heiligtum aus und preist
den HERRN im Gebet!

Herr, erfülle .... mit Anbetung und Dank, weil du in .... wohnst. Lass .... erkennen, dass .... Körper dein Heiligtum ist.

PSALM 135

KEIN GOTT AUSSER GOTT

Anbetung 3 Preist den HERRN, denn er ist gut; musiziert zur Ehre
seines herrlichen Namens. 4 Er hat die Nachkommen
Jakobs auserwählt und ganz Israel zu seinem Eigentum
erklärt. 5 Ja, ich habe erkannt: Groß ist der HERR!
Unser HERR ist mächtiger als alle Götter.

Du bist größer als alle Idole und Götter! Du bist .... bester und mächtigster Freund, ich preise dich!

Buße 18 Genauso starr und tot sollen die werden, die diese Götzen schufen, und auch alle, die solchen Götzen vertrauen!

Heiliger Geist, bewahre .... davor, sich Idole und Götter zu machen, anstatt dir zu vertrauen!

Dank 13 HERR, dein Name wird nie in Vergessenheit geraten; dich wird man rühmen, solange es Menschen gibt.

Danke, Jesus Christus, dass du für .... eine Konstante bist. Egal, was passiert, du bleibst derselbe.

Fürbitte 5 Ja, ich habe erkannt: Groß ist der HERR! Unser HERR ist mächtiger als alle Götter.

Herr, lass .... jeden Tag wissen: Du bist der einzige und allmächtige Gott! Bewahre .... davor, sich jemals anderen Göttern zuzuwenden.

PSALM 136

GOTT IST UNENDLICH GNÄDIG

Anbetung

1 Dankt dem HERRN, denn er ist gut – seine Gnade hört
niemals auf! 2 Dankt ihm, dem Gott über alle Götter –
seine Gnade hört niemals auf! 3 Dankt ihm, dem HERRN
über alle Herren – seine Gnade hört niemals auf!

Deine Gnade bleibt ewig bestehen, sie gilt auch uneingeschränkt für .... ! Du tust große Wunder und deine Güte hat kein Ende.

Buße

13 Er teilte das Schilfmeer – seine Gnade hört niemals auf!

Herr, lass .... deine Wunder im Herzen tragen und sie niemals vergessen.

Dank

23 Er vergaß uns nicht, als wir unterdrückt wurden –
seine Gnade hört niemals auf!

Danke! .... braucht deine Hilfe, und du vergisst .... nie. Durch Jesus Christus darf .... immer bei dir sein.

Fürbitte

26 Ja, dankt ihm, dem Gott, der im Himmel regiert –
seine Gnade hört niemals auf!

Herr, erfülle .... mit herzlicher Dankbarkeit, dass du .... durch Jesus Christus ewig liebst und .... immer gnädig bist.

PSALM 137

GOTT DER SEHNSUCHT

Anbetung 3 Aber die Peiniger, die uns gefangen hielten, wollten
Freudengesänge von uns hören. Höhnisch drängten
und forderten sie: »Singt doch eins von euren Zions-
liedern!« 4 Doch wie hätten wir in diesem fremden Land
Lieder singen können, die dem HERRN geweiht sind?

Herr, du gibst .... Heimat. Die Sehnsucht danach wird .... nie verlassen und .... soll auf ewig bei dir bleiben, ich lobe dich!

Buße 2 Unsere Lauten hängten wir an die Zweige der Pappeln, wir hatten aufgehört, auf ihnen zu spielen.

Herr, auch wenn .... traurig ist, lass .... sehnsüchtig auf dich vertrauen.

Dank 6 Die Zunge soll mir am Gaumen kleben bleiben, wenn ich nicht mehr an dich denke, wenn du, mein geliebtes Jerusalem, nicht mehr die größte Freude für mich bist!

Herr, du allein kannst .... Herz mit Sehnsucht nach dir erfüllen, danke!

Fürbitte 4 Doch wie hätten wir in diesem fremden Land Lieder singen können, die dem HERRN geweiht sind?

Herr, bitte richte .... Sehnsucht auf dich allein. Hilf ...., nach dir und deiner lieblichen Gegenwart zu verlangen.

PSALM 138

GOTT, DER HOHE UND ERHABENE

Anbetung

5 Sie werden besingen, was du, HERR, getan hast, denn
unermesslich ist deine Hoheit und Macht. 6 Ja, du bist
hoch erhaben – trotzdem sorgst du für die Erniedrigten
und durchschaust die Stolzen schon aus weiter Ferne!

Deine Worte sind gewaltig und dein Ruhm ist groß!
Du sorgst dich um ...., obwohl ....
klein und schwach ist.

Buße

1b HERR, von ganzem Herzen will ich dir danken!
Dir und keinem anderen Gott will ich singen.

Heiliger Geist, leite .... Herz zur Buße
und inspiriere ...., Gott allein zu singen!

Dank

2 Vor deinem heiligen Tempel werfe ich mich nieder,
ich preise dich für deine Gnade und Treue. Ja, du
hast bewiesen, wie zuverlässig dein Wort ist und
wie überragend dein ruhmreicher Name.

Danke, dass .... deine liebliche Treue,
Gnade und Wahrheit erlebt.

Fürbitte

7 Selbst wenn ich von allen Seiten bedrängt werde,
erhältst du mich doch am Leben! Du stellst dich
meinen zornigen Feinden entgegen und rettest
mich durch deine Macht.

Herr, bewahre .... Leben, wenn ....
bedrängt wird! Kämpfe gegen alle Feinde und rette
.... durch deine Macht.

PSALM 139

GOTT, DER KÜNSTLER

Anbetung 13 Du hast mich mit meinem Innersten geschaffen, im Leib meiner Mutter hast du mich gebildet.

Herr, du bist der Schöpfer von .... ! Kunstvoll hast du .... im Mutterleib gebildet.

Buße 23a Durchforsche mich, o Gott, und sieh mir ins Herz! 24
Sieh, ob ich in Gefahr bin, dir untreu zu werden, und wenn ja: Hol mich zurück auf den Weg, den du uns für immer gewiesen hast!

Heiliger Geist, durchforsche .... Herz. Zeige auf, wenn .... auf falschem Weg geht, und bringe .... auf den Weg zum ewigen Leben zurück.

Dank 16a Als ich gerade erst entstand, hast du mich schon gesehen. Alle Tage meines Lebens hast du in dein Buch geschrieben!

Danke, Herr, jeder Tag von .... Leben ist kostbar und in dein Buch geschrieben!

Fürbitte 14 HERR, ich danke dir dafür, dass du mich so wunderbar und einzigartig gemacht hast! Großartig ist alles, was du geschaffen hast – das erkenne ich!

Herr, hilf .... zu erkennen, dass du .... wunderbar gemacht hast. Schenke .... große Freude und Dankbarkeit gegenüber dir, dem Schöpfer und Künstler .... Lebens.

PSALM 140

GOTT IST NAHE

Anbetung 13 Ich weiß, dass der HERR den Unterdrückten beisteht
und den Wehrlosen zu ihrem Recht verhilft. 14 Deshalb
werden dich, HERR, alle preisen, die zu dir gehören.
Deine Nähe erfährt jeder, der aufrichtig mit dir lebt.

Deine Gegenwart ist um . . . . , weil . . . . dich ehrt und fürchtet! Ich lobe dich, dass du . . . . vor allen Bedrängern bewahrst.

Buße 4 Deshalb werden dich, HERR, alle preisen, die zu dir gehören. Deine Nähe erfährt jeder, der aufrichtig mit dir lebt.

Jesus Christus, bitte schenke . . . . deine Liebe und eine innere Aufrichtigkeit, damit . . . . dir immer nahe ist.

Dank 8 HERR, mein Gott, schon oft warst du meine Rettung. Als der Kampf um mich tobte, hast du mich beschützt.

Danke, dass du . . . . selbst im Krieg und inmitten von schlimmsten Umständen Schutz gibst!

Fürbitte 14 Deshalb werden dich, HERR, alle preisen, die zu dir gehören. Deine Nähe erfährt jeder, der aufrichtig mit dir lebt.

Herr, erfülle du . . . . immer neu mit Lobpreis und Anbetung. Lass . . . . in deiner Gegenwart leben!

PSALM 141

GOTT IST VERTRAUENSWÜRDIG

Anbetung 8 HERR, mein Gott, voller Vertrauen blicke ich zu dir, bei
dir suche ich Schutz. Rette mein Leben 9a und bewahre
mich vor den tückischen Fallen, die diese Verbrecher
mir gelegt haben!

Du allein bist vertrauenswürdig und kannst .... vor Bösem bewahren. Ich vertraue dir .... an und preise deine Macht.

Buße 4 Bewahre mich davor, mich zum Bösen verleiten zu lassen. Hilf mir, dem Unrecht zu widerstehen. [...] Von [den]Schlemmereien [der Übeltäter] will ich nicht einen einzigen Bissen probieren.

Jesus Christus, lass .... nicht zu Bösem verleitet werden! .... soll Böses hassen und keinen Genuss an Sünde finden!

Dank 3 HERR, halte du selbst meine Zunge im Zaum, damit kein schlechtes Wort über meine Lippen kommt!

Danke, dass du darauf achtest, was .... spricht, und .... korrigierst!

Fürbitte 5 Wer Gott gehorcht, darf mich zurechtweisen, wenn ich schuldig werde; denn er meint es gut mit mir. Es ist eine große Hilfe, wenn er mir meine Fehler vorhält. Ich wehre mich nicht gegen seinen Rat. Die Übeltäter tun weiter viel Böses, aber ich bete darum, dass Gott eingreift.

Herr, schenke .... Menschen, die dich lieben und .... ehrlich und liebevoll korrigieren. Lehre ...., Korrektur freudig anzunehmen.

PSALM 142

GOTT, DER AUSWEGKENNER

Anbetung 4 Wenn ich nicht mehr weiterweiß, kennst du, Gott, noch
einen Ausweg. Denn wohin ich auch gehe: Überall will
man mich ins Unglück stürzen. 5 Wohin ich auch sehe:
Nirgendwo will man etwas von mir wissen. Ich finde
keine Hilfe mehr, und keiner kümmert sich um mich.

Du bist .... Ausweg aus allen Nachstellungen. Wenn .... niemand sonst hilft, bist du immer da und kümmerst dich um ...., ich preise deine große Weisheit.

Buße 3 Ihm klage ich meine ganze Not; ihm sage ich, was mich bedrängt.

Heiliger Geist, leite ...., alle Klagen und Sorgen vor dem Herrn auszubreiten.

Dank 8 Hole mich aus dieser Höhle heraus! Dann will ich deinen Namen preisen und dir vor allen danken, die zu dir gehören. Denn du hast mir Gutes getan.

Danke, dass du, Jesus Christus, in .... Herz Hoffnung und Vertrauen wirkst. Die Menschen um .... sollen es sehen!

Fürbitte 6 Deshalb schreie ich zu dir, HERR! Ich bekenne: Du allein bist meine Zuflucht! Du bist alles, was ich im Leben brauche.

Jesus Christus, durchdringe .... mit feuriger Leidenschaft, bei dir zu sein. Lass .... erkennen, dass du alles bist, was es im Leben braucht.

PSALM 143

GOTT DER GROSSEN TATEN

Anbetung 5 Ich denke zurück an früher, an das, was du damals getan
hast, und halte mir deine großen Taten vor Augen. 6 Zu
dir strecke ich meine Hände empor im Gebet. Wie aus-
gedörrtes Land nach Regen lechzt, so warte ich sehnsüchtig auf dein Eingreifen.

Du tust große Taten, und ich sehne mich nach dir, wie auch das Leben von ...., dürrem Land gleich, nach Regen dürstet. Ich preise dich allein!

Buße 2 Bring mich nicht vor dein Gericht, denn vor dir ist kein
Mensch unschuldig.

Abba, Vater, schenke .... kindliches Vertrauen, alle Schuld zu dir zu bringen. Du allein bist .... vollkommene Gerechtigkeit!

Dank 5 Ich denke zurück an früher, an das, was du damals
getan hast, und halte mir deine großen Taten vor Augen.

Danke, dass .... über deine großen Taten nachdenken kann!

Fürbitte 10 Lehre mich, so zu leben, wie du es willst, denn du bist
mein Gott! Führe mich durch deinen guten Geist, dann
kann ich ungehindert meinen Weg gehen!

Heiliger Geist, lehre ...., deinen Willen zu tun, und führe ...., sodass .... ungehindert auf deinem Weg gehen kann!

PSALM 144

GOTT SICHERT DIE ZUKUNFT

Anbetung 9 Gott, für dich will ich ein neues Lied singen und auf der
zehnsaitigen Harfe dazu spielen. 10 Denn du verhilfst
den Königen zum Sieg und rettest auch deinen Diener
David aus tödlicher Gefahr.

Herr, mit einem neuem Lied will ich dich heute loben. Du allein lässt .... siegreich leben und bewahrst .... vor allen Feinden.

Buße 3 HERR, was ist schon der Mensch! Warum schenkst du ihm
überhaupt Beachtung? Warum kümmerst du dich um ihn?

Jesus Christus, du bist voller Wunder und Herrlichkeit, du sorgst dich um .... Herr, bewahre .... vor Minderwertigkeitsgefühlen!

Dank 15 Glücklich ist das Volk, das so etwas erlebt!
Glücklich ist das Volk, dessen Gott der HERR ist!

Danke, dass .... zutiefst glücklich sein kann, weil du .... Zukunft sicherst!

Fürbitte 12 Wenn du uns rettest, können unsere Kinder ungestört
aufwachsen. Unsere Söhne werden stark und groß
sein wie Bäume. Unsere Töchter werden schön sein
wie geschnitzte Säulen, die prächtige Paläste zieren.

Herr, bitte bewahre und schenke .... eine wunderbare Jugend. Lass .... gedeihen und wunderschön heranwachsen zu deiner und unserer Freude.

PSALM 145

GOTT GREIFT EIN

Anbetung 1b Dich will ich ehren, mein Gott und König, deinen Namen
will ich preisen für alle Zeit! 2 Jeden Tag will ich Gutes
von dir reden und deinen Namen für immer loben!

4 Eine Generation soll der anderen von deinen Taten erzählen und schildern, wie machtvoll du eingegriffen hast.

Ich will dich loben und .... von deinen Werken erzählen! .... wird von deinen mächtigen Taten hören und soll sie mit Lob und Preis weitererzählen!

Buße 8 Gnädig und barmherzig ist der HERR; groß ist seine Geduld und grenzenlos seine Liebe!

Heiliger Geist, erfülle du .... Herz mit deiner Gnade und Barmherzigkeit, sodass .... ein reines Herz hat.

Dank 9 Der HERR ist gut zu allen und schließt niemanden von seinem Erbarmen aus, denn er hat allen das Leben gegeben.

Danke, dass deine Güte und Barmherzigkeit .... Leben erfüllen.

Fürbitte 18 Der HERR ist denen nahe, die zu ihm beten und es
ehrlich meinen. 19 Er erfüllt die Bitten der Menschen,
die voll Ehrfurcht zu ihm kommen. Er hört ihren Hilfeschrei und rettet sie.

Herr, erfülle du .... Herz mit Aufrichtigkeit und Achtung vor dir. Zeige ...., dass du Gebet erhörst.

PSALM 146

GOTT REGIERT

Anbetung 10 Der HERR regiert für immer und ewig. Zion, dein Gott herrscht für alle Zeit! Lobt den HERRN – halleluja!

Du regierst für immer über .... Leben. Du bist König über Jerusalem und die ganze Welt. Ich preise dich!

Buße 3 Setzt euer Vertrauen nicht auf Leute, die Einfluss haben und Macht ausüben! Sie sind doch bloß vergängliche Menschen und können euch nicht retten.

Herr, bewahre .... davor, auf die Mächtigen der Welt zu vertrauen, statt auf dich.

Dank 6 Denn er hat Himmel und Erde geschaffen, das Meer und alles, was es dort gibt. Für immer wird er zu seinem Wort stehen!

Danke, dass .... fest, sicher und geborgen ist inmitten deiner Zusagen.

Fürbitte 5 Glücklich aber ist der Mensch, der seine Hilfe von dem Gott Jakobs erwartet! Glücklich ist, wer seine Hoffnung auf den HERRN setzt!

Herr, immer soll .... alle Hoffnung auf dich allein setzen, ... soll glücklich leben und sehen, wie du hilfst, ich bitte dich im Namen Jesu darum!

PSALM 147

GOTT HEILT

Anbetung 1 Halleluja – lobt den HERRN! Es ist gut, unserem Gott
Loblieder zu singen; ja, es macht Freude, ihn mit unserer
Musik zu preisen. 2 Der HERR baut Jerusalem wieder auf
und bringt die Israeliten zurück, die man aus ihrem Land
verschleppt hat. 3 Er heilt die Menschen, die innerlich
zerbrochen sind, und verbindet ihre Wunden.

Du bist der Herzensheiler und verbindest Wunden, ich preise dich! Du baust .... auf und lässt .... voller Freude Loblieder singen.

Buße 10 Viele Menschen erwarten ihre Sicherheit von schnellen Pferden und guten Soldaten. Gott aber lässt sich davon nicht beeindrucken.

Jesus Christus, lass .... immer vor Augen haben, dass du allein wahre Kraft hast.

Dank 7 Singt dem HERRN Danklieder! Spielt für unseren Gott auf der Harfe!

4 Er hat die Zahl der Sterne festgelegt und gab jedem einzelnen einen Namen.

Danke, dass .... dich voller Freude anbeten und loben kann. Du kennst sogar jeden Stern mit Namen.

Fürbitte 11 Der HERR freut sich über alle, die ihm in Ehrfurcht begegnen und von seiner Gnade alles erwarten.

Herr, erfülle .... mit dem Herzenswunsch, dir zu gefallen, hilf ...., dich zu ehren und von deiner Gnade alles zu erwarten.

PSALM 148

GOTT, DER PLATZANWEISER

Anbetung 1 Halleluja – lobt den HERRN! Lobt den HERRN im Himmel,
lobt ihn dort in der Höhe! 2 Lobt ihn, alle seine Engel, lobt
ihn, ihr himmlischen Heere! 3 Lobt ihn, Sonne und Mond,
lobt ihn, ihr leuchtenden Sterne! 4a Lobt ihn auch im
fernsten Weltall!

Du hast allem seinen Platz gewiesen, jeden Tag will ich dich loben über .... Leben. Du hast .... erschaffen zu deiner Ehre und wir dürfen uns freuen.

Buße 6 Er wies ihnen für alle Zeiten ihren Platz zu und gab ihnen feste Gesetze, denen sie für immer unterworfen sind.

Jesus Christus, lass .... vertrauen, dass du .... Platz im Himmel und auf Erden gesichert hast. .... darf lernen, nach deinen Geboten zu leben.

Dank 14 Er hat seinem Volk Ansehen und Macht geschenkt. Darum haben die Israeliten allen Grund, ihn zu loben – das Volk, das ihm so nahe ist und treu zu ihm steht. Lobt den HERRN. Halleluja!

Danke, Jesus Christus, ... ist stark in deiner Stärke und Nähe!

Fürbitte 5 Sie alle sollen den HERRN loben! Denn auf seinen Befehl hin wurden sie erschaffen.

Heiliger Geist, hilf ...., immer tiefer zu vertrauen, dass du alles geschaffen hast, und deinen Weisungen und göttlichen Ordnungen zu folgen.

PSALM 149

GOTT, DER SCHÖPFER

Anbetung 2 Ganz Israel freue sich über seinen Schöpfer. Jubelt ihm
zu, ihr Einwohner Jerusalems, denn er ist euer König! 3
Tanzt zu seiner Ehre und rühmt seinen Namen mit
euren Liedern! Spielt für ihn auf dem Tamburin und
auf der Laute!

Du bringst .... zum Tanzen und Singen!
Ich lobe dich, du Schöpfer der ganzen Welt.
Immer wollen wir dich anbeten und preisen!

Buße 3 Tanzt zu seiner Ehre und rühmt seinen Namen mit
euren Liedern! Spielt für ihn auf dem Tamburin und
auf der Laute!

Herr, ... soll dir mit Herz, Mund und Händen spielen und tanzen. Nichts und niemand soll .... zurückhalten, dich mit allem zu preisen.

Dank 5 Die zu ihm gehören, sollen darüber jubeln und
selbst noch im Bett fröhlich singen.

Jesus Christus, danke, dass .... deine Herrlichkeit sehen kann und voller Freude singt, wenn .... ins Bett geht!

Fürbitte 6a Sie sollen ihre Stimme erheben und Gott loben.
In ihren Händen halten sie scharfe Schwerter.

Herr, Lobpreis und dein ewiges Wort sind die stärksten Waffen im Kampf, lehre ...., anzubeten und mit deinem heiligen Wort zu kämpfen!

PSALM 150

GOTT IST UNVERGLEICHLICH GROSS

Anbetung 2 Halleluja – lobt den HERRN! Lobt Gott in seinem Heiligtum, lobt ihn, den Mächtigen im Himmel! 2 Lobt ihn für
seine gewaltigen Taten, lobt ihn, denn seine Größe ist
unermesslich!

.... ist deine wunderbare Schöpfung, du bist .... Vater und Gott. Deine Größe ist unvergleichbar, und ich lobe dich allein!

Buße 6 Alles, was lebt, lobe den HERRN! Lobt den HERRN.
Halleluja!

Heiliger Geist, erfülle zu allen Zeiten .... Herz und Alltag mit Lobpreis!

Dank 2 Lobt ihn für seine gewaltigen Taten, lobt ihn,
denn seine Größe ist unermesslich!

Danke, dass Lobpreis die schönste Anweisung und Aufgabe für .... ist.

Fürbitte 3 Lobt ihn mit Posaunen, lobt ihn mit Harfe und Laute! 4
Lobt ihn mit Tamburin und Tanz, lobt ihn mit Saiten-
spiel und Flötenklang!

Herr, inspiriere ...., dich immer zu loben. Schenke .... die Fähigkeit, dich anzubeten. Nimm alles weg, was .... daran hindern will – in Jesu Namen bitte ich dich darum.

ABBA, VATER,
ICH DANKE DIR IM
NAMEN VON JESUS
CHRISTUS, DASS
DU MEINE GEBETE
ERHÖRT HAST FÜR
. . . . LEBEN UND
DU SIE IN DEINEM
WILLEN UND DEINER
ZEIT ERFÜLLST.
DU ALLEIN BIST
MEIN GOTT,
UND ICH GEHÖRE
DIR FÜR IMMER!

AMEN.

ÜBERSICHT:

GOTT IN DEN PSALMEN

- ○ PSALM 1
  Gott ist wach
- ○ PSALM 2
  Jesus, der höchste König
- ○ PSALM 3
  Gott ist Schutz
- ○ PSALM 4
  Gott befreit
- ○ PSALM 5
  Gott ist schützende Liebe
- ○ PSALM 6
  Gott ist barmherzig
- ○ PSALM 7
  Gott ist ein gerechter Richter
- ○ PSALM 8
  Gott ist der Herrscher
- ○ PSALM 9
  Gott regiert
- ○ PSALM 10
  Der Herr ist König
- ○ PSALM 11
  Gott, der Herzensprüfer
- ○ PSALM 12
  Gott hält, was er verspricht
- ○ PSALM 13
  Der Retter Jesus Christus
- ○ PSALM 14
  Gott, der Schicksalswender
- ○ PSALM 15
  Gott ist heilig
- ○ PSALM 16
  Gott ist pure Freude
- ○ PSALM 17
  Gott, der Durchforscher
- ○ PSALM 18
  Gott ist Licht
- ○ PSALM 19
  Der hohe und erhabene Gott
- ○ PSALM 20
  Kraftvoller Gott
- ○ PSALM 21
  Gott hat die Macht
- ○ PSALM 22
  Gott ist gut
- ○ PSALM 23
  Gott ist mein Hirte
- ○ PSALM 24
  Der König der Herrlichkeit
- ○ PSALM 25
  Vergebender Gott
- ○ PSALM 26
  Prüfender Gott

- ○ PSALM 27
  Gott schenkt Geborgenheit
- ○ PSALM 28
  Schützender Gott
- ○ PSALM 29
  Gottes mächtige Stimme
- ○ PSALM 30
  Gott, der Lebensretter
- ○ PSALM 31
  Gott, meine Burg
- ○ PSALM 32
  Gott, Befreier von Schuld
- ○ PSALM 33
  Gott ist verlässlich
- ○ PSALM 34
  Gott, Befreier von Angst
- ○ PSALM 35
  Gott, der Freisprecher
- ○ PSALM 36
  Gott, Quelle des Lebens
- ○ PSALM 37
  Gott, der Erfüller von Herzenswünschen
- ○ PSALM 38
  Gott antwortet
- ○ PSALM 39
  Gott ist Hoffnung
- ○ PSALM 40
  Gott tut Wunder
- ○ PSALM 41
  Gott, der Lebensbewahrer
- ○ PSALM 42
  Gott, der Fels
- ○ PSALM 43
  Gott ist Licht und Wahrheit
- ○ PSALM 44
  Gott ist gegenwärtig
- ○ PSALM 45
  Gott erfüllt mit Freude
- ○ PSALM 46
  Gott, der bewährte Nothelfer
- ○ PSALM 47
  Gott, der Höchste
- ○ PSALM 48
  Ewiger Gott
- ○ PSALM 49
  Gott, der Erlöser vom Tod
- ○ PSALM 50
  Gott der Herzen
- ○ PSALM 51
  Gott, der Reinwascher
- ○ PSALM 52
  Auf Gott ist Verlass
- ○ PSALM 53
  Gott schaut hin
- ○ PSALM 54
  Gott, Retter aus jeder Not
- ○ PSALM 55
  Gott ist Sicherheit
- ○ PSALM 56
  Gott ist verlässlich
- ○ PSALM 57
  Gott, der Vollender
- ○ PSALM 58
  Gott, der Belohner

- PSALM 59
  Gott ist Zuflucht
- PSALM 60
  Gott, der Risse-Verschließer
- PSALM 61
  Gott umgibt mit Schutz
- PSALM 62
  Gott ist Hoffnung
- PSALM 63
  Gott ist herrlich
- PSALM 64
  Gott, der Gefahrenabwender
- PSALM 65
  Gott, der Besänftiger
- PSALM 66
  Gott bewirkt Naturwunder
- PSALM 67
  Gott ist Segen
- PSALM 68
  Gott gibt Heimat
- PSALM 69
  Gott ist allmächtig
- PSALM 70
  Gott ist groß
- PSALM 71
  Gott, der Lehrer für Kinder
- PSALM 72
  Gott, der Wundervollbringer
- PSALM 73
  Gott Immanuel
- PSALM 74
  Der verborgene Gott
- PSALM 75
  Gott, der Fundamentleger
- PSALM 76
  Gott, der Stolz-Brecher
- PSALM 77
  Gott, der Wegbereiter
- PSALM 78
  Gott der Generationen
- PSALM 79
  Gott ist grenzenlos
- PSALM 80
  Gott, der Pflanzer
- PSALM 81
  Gott entlastet
- PSALM 82
  Gott, der gerechte Richter
- PSALM 83
  Gott ist die Herrlichkeit und herrscht
- PSALM 84
  Gott ist unsere Sonne
- PSALM 85
  Gott vergibt Schuld
- PSALM 86
  Gott ist gut
- PSALM 87
  Gott, der Architekt
- PSALM 88
  Gott, der alleinige Retter

○ PSALM 89
Gott, der Salbende

○ PSALM 90
Gott, ohne Anfang und Ende

○ PSALM 91
Gott, der Ruhepol

○ PSALM 92
Gott der tiefen Gedanken

○ PSALM 93
Gott ist wahr und zuverlässig

○ PSALM 94
Gott durchschaut alles

○ PSALM 95
Gott, der Schöpfer

○ PSALM 96
Gott ist Majestät und Pracht

○ PSALM 97
Gott ist wie Feuer

○ PSALM 98
Gott ist Wahrheit

○ PSALM 99
König der Gerechtigkeit

○ PSALM 100
Gott ist endlos gnädig

○ PSALM 101
Gott ist Herr

○ PSALM 102
Gott ist ohne Anfang und Ende

○ PSALM 103
Gott, der Vater

○ PSALM 104
Gott ist Geist

○ PSALM 105
Gott hat das letzte Wort

○ PSALM 106
Gott ist gnädig im Zorn

○ PSALM 107
Gott, der Heimbringer

○ PSALM 108
Gott vollbringt Großes

○ PSALM 109
Gott steht Wehrlosen bei

○ PSALM 110
Gott hält seine Versprechen

○ PSALM 111
Gottes ewiger Bund

○ PSALM 112
Gott ist zu loben

○ PSALM 113
Gott ist einzigartig

○ PSALM 114
Gott, der Naturveränderer

○ PSALM 115
Gott, der Himmelseigentümer

○ PSALM 116
Gott entreißt dem Tod

○ PSALM 117
Gott aller Nationen

○ PSALM 118
Jesus, der Grundstein

○ PSALM 119
Gott ist der Lehrer

○ PSALM 120
Gott kämpft

○ PSALM 121
Gott hilft

○ PSALM 122
Gottes Volk

○ PSALM 123
Gott thront im Himmel

○ PSALM 124
Gott ist Lebensschutz

○ PSALM 125
Gott beschützt

○ PSALM 126
Gott, der Zurückbringer

○ PSALM 127
Gott hält die ganze
Welt am Laufen

○ PSALM 128
Gott segnet

○ PSALM 129
Gott befreit von Fesseln

○ PSALM 130
Gott spricht

○ PSALM 131
Gott ist wie eine Mutter

○ PSALM 132
Gott krönt und bekleidet
mit Heil

○ PSALM 133
Gott ist Einheit

○ PSALM 134
Gott der Nacht

○ PSALM 135
Kein Gott außer Gott

○ PSALM 136
Gott ist unendlich gnädig

○ PSALM 137
Gott der Sehnsucht

○ PSALM 138
Gott, der Hohe und Erhabene

○ PSALM 139
Gott, der Künstler

○ PSALM 140
Gott ist nahe

○ PSALM 141
Gott ist vertrauenswürdig

○ PSALM 142
Gott, der Auswegkenner

○ PSALM 143
Gott der großen Taten

○ PSALM 144
Gott sichert die Zukunft

○ PSALM 145
Gott greift ein

○ PSALM 146
Gott regiert

○ PSALM 147
Gott heilt

○ PSALM 148
Gott, der Platzanweiser

○ PSALM 149
Gott, der Schöpfer

○ PSALM 150
Gott ist unvergleichlich groß

STIMMEN ZUM BUCH

Unsere Herzen sind voll mit dem, was wir unseren Kindern und Enkelkindern an Gutem wünschen und für sie erhoffen. Doch es gibt kein größeres Geschenk, das wir ihnen machen könnten, als das Geschenk des Gebets. Denn der allmächtige Gott, der ihr Leben voller Liebe überblickt, hört unsere Gebete und beantwortet sie kraftvoll und weit über das hinaus, was wir uns je vorstellen und für sie erbitten könnten.

Gott kennt die Pläne, die er für unsere Lieben hat, mächtige Pläne! Und wenn wir nach seinem Wort beten, das seinen Willen ausdrückt, werden wir Gottes Segen für unsere Kinder und Enkel in unermesslichem Maße erleben, ganz gleich, was ihnen bevorsteht.

Ich bin überzeugt, dass Sie durch dieses Psalmen-Gebetstagebuch reich gesegnet werden! Kathrin Larsen hat eine wunderbare Arbeit geleistet, indem sie uns anhand der Gebete der Bibel ins Gebet führt. Bereits während Sie beten, werden Sie Gottes Segen erleben und über sein Wirken staunen. Warten Sie nicht! Beginnen Sie heute, mit ausgewählten Psalmworten für Ihre Lieben zu beten und sie kraftvoll zu segnen.

– Sally Burke, Präsidentin von »Moms in Prayer International«

Man hört es durch die Zeilen singen und klingen: Eine Brise Himmelsluft geht durchs Herz und verströmt einen satten Sehnsuchts-Duft nach frischen Gottesbegegnungen.

So ist es mir ergangen, als ich die geglückte Arbeit von Kathrin Larsen gelesen habe. – Es kommt mir vor, wie wenn in der langjährigen Arbeit mit Frauen, Müttern, Großmüttern und Kindern im Geist der Autorin eine wunderschöne Frucht herangereift ist, in die es sich lohnt, hineinzubeißen! Sie schmeckt nach einer leidenschaftlichen Liebe zu Jesus, nach der Sehnsucht, die Gedanken des Reiches Gottes zu verbreiten und nach der Weisheit einer Pädagogin, die es versteht, in »kleinen Häppchen« ein großes Fest zu gestalten.

Ich wünsche mir, dass viele Generationen mit dieser kostbaren Sammlung bekannt werden und in den Strom der weltumspannenden »Lieder« eintauchen können, um zu erleben, wie sie dadurch tief gesegnet werden.
So möge das Segenswort aus 1. Mose 12,2 in Kraft kommen: »Ich will dich segnen und du sollst ein Segen sein.« So sind wir alle eingeladen, unsere Zukunft im Gebet mitzugestalten.

– Lilo Keller, Gründerin von »Stiftung Schleife«, Musikerin, Autorin

Ich kenne die Autorin schon länger als regelmäßige Teilnehmerin am Schweizer Leitergebet. Mich beeindruckt die große Anzahl von Schulgebetsgruppen, denen sie als Leiterin bei Moms in Prayer (MIP) vorsteht. Aber noch mehr beeindrucken mich der Gebetseifer und die Leidenschaft, die ich bei Kathrin Larsen spüre. Ich war deshalb dankbar, dass ich die Beterinnen von Moms in Prayer für die zwei vergangenen Christustage gewinnen konnte, die in Basel und Bern insgesamt 70.000 Personen vereinigten.

Als beim Christustag in Bern die vielen Hundert Frauen das Fußballfeld betraten und Gottes Größe und Güte priesen, senkten sich plötzlich Luftwirbel auf das Feld und wirbelten alles in die Höhe, das nicht fest verankert war. Für mich war das ein Sinnbild für die MIP-Bewegung, durch die ein geistlicher Wirbelsturm an so manchen Schulen ausgelöst wird. Danke MIP, dass es Euch gibt! Als vierfacher Vater und fünffacher Großvater möchte ich bezeugen, dass Ihr ein großer Segen seid, weit über die Schulkinder und die betenden Mütter hinaus.

Und danke, Kathrin, dass Du uns mittels des Gebetsleitfadens »Ich schenk dir mein Gebet« anhand der Psalmen hilfst, unsere Kinder und Enkel mit Gottes Augen anzuschauen und entsprechend für sie vor Gott einzustehen und sie dem Segen Gottes anzuvertrauen.

– Hanspeter Nüesch, langjähriger Leiter von »Campus für Christus Schweiz«, Berater und Autor

Gebet für Kinder ist nicht nur ein Vorrecht, sondern auch eine nicht zu vernachlässigende Aufgabe. Die Kinder stehen unter Gottes besonderem Schutz, und er liebt es, sie gerade für die christlichen Gemeinden in die Mitte zu stellen, auch wenn sie im realen Gemeindeleben oft eher in Kellerräumen oder Nebengebäuden zu Hause sind. Sie gehören auch in die Mitte unserer Gottesdienste, sie sollen mit dabei sein, wenn wir als Gemeinde beten, wir wollen sie als geistliche Geschwister auf Augenhöhe ernstnehmen.

Die Form des Gebets entlang der Psalmen ist vielleicht für manchen eine nicht gewohnte Weise, aber sie kann zu einem Einstieg in ein regelmäßiges Beten für unsere Kinder werden. Dabei ist es sicherlich besonders relevant, auch die vielen Kinder mit ins Gebet einzubeziehen, die keinerlei Kontakt zu Gemeinde oder der christlichen Botschaft haben, sowie solche, die unter Krankheit, Gewalt vielfältiger Art, Vernachlässigung und Missbrauch leiden. Mit unserem Gebet unterstützen wir die Engel, die jedem der Kinder zugeteilt sind (Matthäus 18,10).

– Bernd Oettinghaus, Leiter des nationalen Netzwerks »Runder Tisch Gebet« der Lausanner Bewegung (dt. Zweig)

ÜBER DIE AUTORIN

Kathrin Larsen ist Familienfrau, Mutter und Großmutter und wohnt in der Schweiz. Sie ist Direktorin der globalen Gebetsbewegung »Moms in Prayer« (MIP) für Europa und Israel. Ihr Anliegen ist, dass möglichst viele (geistliche) Mütter und Großmütter Gottes Verheißungen über die kommenden Generationen aussprechen.

KONTAKTMÖGLICHKEITEN
»MOMS IN PRAYER«

Europa und Israel: www.momsinprayer.eu
Österreich: austria.momsinprayer.eu
Schweiz: www.momsinprayer.ch
Deutschland: www.momsinprayer.de
Weltweit: www.momsinprayer.org